Linda Kreiss

STERNENSOHN

Briefe an mein entschlafenes Kind

GOLDEGG
VERLAG

Bildrechte Autorenfoto: Eva Kern, 12. 3. 2014
Bildrechte Umschlag: Goldegg Verlag GmbH

Der Goldegg Verlag achtet bei seinen Büchern und Magazinen auf nachhaltiges Produzieren. Goldegg Bücher sind umweltfreundlich produziert und orientieren sich in Materialien, Herstellungsorten, Arbeitsbedingungen und Produktionsformen an den Bedürfnissen von Gesellschaft und Umwelt.

Gedruckt nach der Richtlinie des Österreichischen Umweltzeichens „Druckerzeugnisse", Druckerei Theiss GmbH, Nr. 869

FSC www.fsc.org
MIX
Papier aus verantwortungsvollen Quellen
FSC® C012536

ISBN Print: 978-3-902991-07-2
ISBN E-Book: 978-3-902991-23-2

Friedrichstraße 191 • D-10117 Berlin
Telefon: +49 800 505 43 76-0

Goldegg Verlag GmbH, Österreich
Mommsengasse 4/2 • A-1040 Wien
Telefon: +43 1 505 43 76-0

E-Mail: office@goldegg-verlag.com
www.goldegg-verlag.com

Layout, Satz und Herstellung: Goldegg Verlag GmbH, Wien
Druck und Bindung: Theiss GmbH

Inhaltsverzeichnis

Vorwort

Liebe Leserinnen und Leser,
dies ist die Geschichte einer Mutterliebe. Jonglierend zwischen Behüten wollen, versorgen, pflegen und dem Wunsch, die Rahmenbedingungen zu schaffen, um eigenständige und persönliche Erfahrungen für ihr Kind zu ermöglichen. In diesem Dilemma stecken auch und ganz besonders Eltern von behinderten Kindern oder Kindern mit Erbkrankheiten fest. Mukoviszidose (auch zystische Fibrose oder kurz CF genannt) lautete die Diagnose für unseren Sohn, als er sechs Jahre alt war.

Dieser, manchmal schwer auszuhaltende, Spagat zwischen Fürsorge und Achtung und Würde gegenüber der Persönlichkeit des Kindes in allen nur erdenklichen Lebens- und Alltagssituationen war uns Eltern stets ein großes Anliegen. Bei jeder neuen Entscheidung mussten immer wieder alle verfügbaren Parameter neu abgewogen und der veränderten Sachlage angepasst werden, wohl wissend, dass selbst wenn alles Menschenmögliche getan sein wird, es niemals genug sein würde.

Niemand kann einem anderen Menschen sein Schicksal abnehmen, doch manche Kante abzurunden und manche Abstürze abzufedern ist hier und da möglich. Bei allem Realitätssinn keimte bei mir immer wieder die Hoffnung auf, es könnte ein Wunder geschehen und eine spontan eintretende Heilung würde dem ganzen Spuk ein Ende bereiten und so unseren Sohn für all das bisher Erlebte und Erlittene entschädigen. Bis dann am Ende dieser endlosen Geschichte der Moment kam, in dem mir bewusst wurde, dass von nun an in meinem weiteren Leben jede empfundene Freude mit der Trauer über sein Nicht-mehr-anwesend-Sein verbunden sein würde.

Das letzte Lebensjahr unseres Sohnes war schwer für ihn. Einerseits stand die mächtige Hoffnung auf ein neues

Leben mit der erfolgreich verpflanzten Spenderlunge verheißungsvoll im Raum, doch andererseits zwangen ihn die in unmittelbarer Folge auftretenden Beschwerden, die größere und große Operationen erforderten, sich auf die aktuelle Gegenwart zu konzentrieren. Er hat seine Situation auch und gerade in diesem letzten Jahr mit einer Selbstverständlichkeit akzeptiert und gemeistert, die immer wieder die Frage in mir aufwarf: „Wo nimmt er die Kraft her, das alles zu ertragen?“ Fragte ich ihn, so antwortete er: „Das ist eben mein Leben, und dazu gehört das alles, auch das Schwere und vielleicht das ganz besonders.“ Da war er 27 Jahre, acht Monate und wenige Tage alt.

Die Schmerzen und die immer wiederkehrenden Ungewissheiten bedeuteten weniger Niederlagen für ihn, als dass sie die Veränderungen seiner Position markierten, von der aus er erneut ins Leben vorzudringen versuchte. Er entschlief in den Nachwehen seiner letzten Operation, ohne nochmals aus der Narkose zu erwachen.

Dieses Buch ist aus dem Zwiegespräch mit meinem Tagebuch entstanden, das ich seit vielen Jahren, vor allem in Krisenzeiten, ausgiebig führe. Die Wucht des Kampfes um das Leben unseres Sohnes endete in dem Moment, als wir Eltern die Herz-Lungen-Maschine im Krankenhaus abstellten. Obwohl mein Mann und ich seit der Diagnosestellung Mukoviszidose wussten, dass unser Sohn uns wahrscheinlich nicht überleben würde, waren wir auf den Moment seines Todes nicht vorbereitet. Ich musste danach versuchen, zu begreifen, was nicht zu fassen war, um nicht den Verstand zu verlieren. Ich wollte einen Sinn in all dem Geschehen finden, der größer und mächtiger sein sollte, als ich es in den dumpfen Stunden der Trauer und des Schmerzes nach seinem Tod erahnen konnte. In den ersten Wochen und Monaten ging es vorrangig darum, den alles beherrschenden Schmerz zuzulassen und mich ihm schrittweise auszusetzen. Nicht darin zu versinken und den Boden unter den Füßen zu verlieren, war in dieser Phase eine große Herausforderung.

Den freien Fall der Trauer zuzulassen, half mir den Raum zu schaffen, in dem mein *Sternensohn* in meiner Erinnerung weiterlebt. Solange mein Herz schlägt, wird es diesen Raum geben.

Diese Erkenntnis war und ist mir ein Trost. Diesen Raum zu betreten, in dem ich meine Liebe und Achtung zum Ausdruck gebe, lässt mich gewiss sein, dass mein Sohn in Frieden in anderen Sphären wandelt. In diesem Raum teilen wir die Schätze des Erlebten und Gelebten, die zu unserer Erinnerung wurden, Mensch für Mensch in einer endlosen Kette, und fügen sie ein in das Gedächtnis der beseelten Welt. Wenn wir diesen Raum in uns finden, fühlen wir den Reichtum, den die Liebe eines anderen Menschen uns schenkt. Dann verlieren wir nichts und niemanden. Der Tod kann uns die Liebe nicht nehmen, er kann nur jeweils Positionen verschieben. Wenn es uns gelingt, diese Transformation zu akzeptieren, wachsen wir an diesem Prozess.

Linda Kreiss

Zurück auf Anfang

Manche Frauen haben ihn, andere nicht. Mein Kinderwunsch stellte sich ein, als ich 26 Jahre alt war und mit meinem Freund für ein Jahr durch Indien und Nepal reiste. Die Frauen, die ich auf den Straßen und Gassen, durch das Busfenster und von den Balkonen unserer unzähligen billigen Hotelzimmer herab beobachtete, gingen so selbstverständlich mit ihren Kindern um, so natürlich, das gefiel mir. So, genau so, wollte ich auch mit meinem Kind umgehen. Das tun, was gerade zu tun war: stillen, wickeln, trösten und ansonsten ginge das Leben weiter wie bisher. Das Baby, und später das Kleinkind, wurde auf den Rücken gebunden und war auf diese Weise immer dabei, immer im Körperkontakt mit der Mutter. So fühlte es sich geborgen und wohlversorgt. Später las ich über ähnliche Gedanken und Beobachtungen bei der Anthropologinnen Elenore Smith Bowen in ihrem Buch „Return to Laughter“ und Jean Liedloff „Auf der Suche nach dem verlorenen Glück“. So stellte ich mir „ein Kind haben“ 1982 in etwa vor, auf dieser Reise und der Zeit danach.

Der Kinderwunsch war entfacht und verlor nichts von seiner Lebendigkeit, als wir Ende 1982 wieder nach Deutschland zurückkehrten. Mein Freund hatte auf der Reise eine Volksgruppe im Osten von Nepal ausfindig gemacht, zu der er zurückkehren wollte, um dort eine Feldforschung aufzunehmen. Er hatte sein Studium der Anthropologie mit dem Magister abgeschlossen und plante, seine Dissertation auf den dort noch zu sammelnden Daten aufzubauen. Er entwarf einen Antrag für ein Forschungsstipendium in Ostnepal und legte ihn einer

Stiftung vor. Dieser Antrag und die damit verbundene Entscheidung des Stiftungsgremiums würde über sein weiteres Leben als Wissenschaftler entscheiden und somit auch über meines.

Es war nicht der richtige Zeitpunkt, um schwanger zu werden. Planten wir doch, gemeinsam für ein oder zwei Jahre in das Dorfleben am Hang einer 2.500 Meter hohen Bergkette mit Blick auf den Mount Everest in Ostnepal einzutauchen. Dort wollten wir die Sprache dieser Ethnie erlernen, die nur noch von knapp fünftausend der dort lebenden Bauern gesprochen wird. Wir wollten an ihrem täglichen Leben und Arbeiten teilnehmen und ihre Feste und Rituale kennenlernen. Meine eigenen Pläne bezogen sich auf meine Weberei, die ich mit den dortigen Techniken verbinden und künstlerisch einsetzen wollte.

Ich kannte meinen Freund, seit ich 14 Jahre alt war. Wir hatten uns auf der Treppe des Gymnasiums, das wir beide besuchten, zum ersten Mal gesehen. Ich stieg zu den Klassenräumen im ersten Stock hinauf und blickte zurück ins Foyer. Da stand er und sah mir nach. Ein ernstes und aufrechtes Gesicht, Überraschung im Blick, während ein leises Lächeln sein Gesicht erhellte. Ich war wie vom Donner gerührt und sobald mich meine Füße wieder trugen, verschwand ich in meiner Klasse. Ich war verwirrt und verunsichert, weil ich nicht einordnen konnte, was geschehen war. So etwas hatte ich nie zuvor erlebt und es wollte so gar nicht zu den Plänen passen, die ich bis dahin gehegt hatte. Ich wollte doch nach dem Schulabschluss in ein katholisches Kloster ziehen und die profane Welt hinter mir lassen. So, wie ich es bei der ältlichen Freundin meiner Großmutter gesehen und erlebt hatte, wenn sie für ein paar Tage Ausgang hatte, um ihre Familie und Freundinnen zu besuchen. Sie war die fröhlichste, unbeschwerteste und wärmste Person, der ich bis dahin in meinem Leben begegnet war. So wollte ich auch werden und ein Kloster schien mir der beste Ort dafür zu sein. Aber es kam anders. Im Laufe der nächsten vier Jahre näherten wir uns einander immer mehr an und wurden kurz vor dem Abitur ein Paar.

Ein Kind war also in unserer ungewissen Lebenssituation nicht vorgesehen, in der es keine finanziellen Sicherheiten und Berufsaussichten gab. Ich wusste das. Wir beide wussten das. Wir sprachen darüber, wann immer mich dieses starke, dringliche Gefühl überrollte und mit einer bodenlosen Sehnsucht nach einem Kind zurückließ. Mein Verstand und meine Gefühle arbeiteten oft nicht zusammen, sie gingen ihre unterschiedlichen Wege. Mein Verstand drang auf Vernunft, immer wieder sagte ich mir das vor: „Es geht jetzt nicht. Später. Wir bekommen später ein Kind."

Ende März 1983 stellte ich fest, dass ich schwanger war. Trotz Verhütung war ich schwanger geworden. Wir hatten doppelt verhütet, gerade weil wir wussten, *wie* stark mein Kinderwunsch war. Unser Sohn war also auf eine Art ein Wunschkind, aber er war kein geplantes Kind. Er ist uns passiert, könnte man sagen. Heute weiß ich, *er* war das Beste, was mir je „passiert" ist.

Woche 1 – Du bist nicht mehr da

19. September 2011

Mein lieber Sohn,
endlich passt das Wetter zu meiner inneren Verfassung. Draußen ist es kühl, regnerisch, trübe und lichtlos. Dein Vater und ich befinden uns im freien Fall, ohne Netz und doppelten Boden, seit Du von uns gegangen – gestorben – verschieden – tot, nicht mehr bei uns bist. Am Ende ging alles ganz schnell. Zu schnell. Zu endgültig, und wir waren

alle drei nicht vorbereitet und doch auch irgendwie schon seit langer Zeit in Vorbereitung darauf.

Du bist nicht mehr da. Das ist es, was ich zu begreifen suche. Du bist entschlafen. Deine Stimme erhebt sich nicht mehr, um ein Lächeln auf mein Gesicht zu zaubern. Ich höre Dich „Ach, Linda, ich bin so glücklich" sagen, doch nun höre ich das in meiner Erinnerung und in meinem Herzen erklingt ein Widerhall. Ach, *Du*, ich bin so froh, dass wir miteinander leben und kämpfen durften. Jeder Tag ein Geschenk, das war unsere gemeinsame Zeit.

Am Donnerstagabend, das war vor drei Tagen, nahm ich dich mehrmals in meine Arme und hielt Dich lange. Du weintest stille Tränen. Ob du es ahntest? Du hattest Angst vor der erneuten Herzklappen-Operation, also beruhigte ich Dich. Redete Dir Hoffnung und Zuversicht ein: „Das schaffst Du, das schaffen wir auch noch! Dein Vater und ich helfen Dir dabei!" Doch Dein Herz war irgendwie schwerer als sonst, Du hattest wenig Kraft und Zuversicht. Du warst es leid, nun noch einmal dieselbe Operation durchzustehen, die Du erst wenige Wochen zuvor hinter Dich gebracht hattest. Als Du dann auch noch am Abend erfuhrst, dass die vorangegangene Aorta-Operation erneut durchgeführt werden muss, und zwar so bald wie möglich, da sank Dein Mut vollends. Du wogst noch 37 Kilogramm und warst entkräftet – wie solltest Du das durchstehen? Das dachtest Du sicher.

Es war an diesem letzten Abend Deines Lebens, dass Du zu mir sagtest, während ich Dich in meinen Armen hielt: „Danke, Linda, dass Du das alles mit mir durchstehst."

Ich hätte so gerne noch viel mehr mit Dir durchgestanden, mein Lieber, einerseits. Andererseits ist mir bewusst, dass Dein Tod für Dich eine Erlösung ist und darüber sollte ich froh sein.

In Liebe,
Deine Mutter

Woche 2 – Haben wir etwas zu tun versäumt?

29. September 2011

Mein lieber Sohn,
hier sitze ich nun wieder unter den Lindenbäumen des Pubs „By Charles“. Es ist so freundlich, dieses Herbstwetter, dass ich noch immer im Freien meine Melange zu mir nehmen kann.

Vor zwei Wochen bist Du gestorben. Heute Morgen rief Dein Vater bei der Gerichtsmedizin an und erfuhr, dass Du heute, vielleicht gerade jetzt in diesem Augenblick, obduziert wirst. Gestern Nacht lagen er und ich wach im Bett nebeneinander und ließen den quälenden Fragen ihren Lauf:

Haben wir etwas zu tun versäumt nach Deiner Lungentransplantation? Oder davor?

Hätten wir dies oder das tun sollen?

Warum dauert die Freigabe Deines Leichnams so lange?

Gibt es da irgendwelche Probleme?

Soll etwas vertuscht werden?

Haben die Ärzte im AKH bei der Operation Fehler gemacht?

So finden wir keinen Schlaf und liegen auch die nächsten zwei Stunden noch wach und wälzen uns im Bett.

Du konntest Deinen Krankenhauskrimi, den Du in den letzten Wochen Deines Lebens zu schreiben begonnen hattest, nicht vollenden. Nur zwei Kapitel waren Dir möglich. Doch nun spielt sich Dein ureigenster Krimi in der Wirklichkeit ab, denn gestern hat die Staatsanwaltschaft die Obduktion angeordnet. Heute soll Dein Leichnam in die Gerichtsmedizin überführt und auch gleich obduziert werden. Der Leichnam ist also immer noch nicht „freigegeben“ für uns Eltern, sondern liegt irgendwo in einem Kühlhaus und Dein Vater und ich befinden uns in einem tönernen Zwischenreich zwischen Schock, Unglaube, Trauer, Schmerz und Erinnerung. Es gibt Zeiten, da weiß ich, das schaffen wir, Dein Vater und ich kommen mit dieser unglaublich schmerzenden Tatsache klar, und es gibt Zeiten, da weiß ich nicht *wie*. Mir ist klar, dass Du uns glücklich wissen willst. Mein Verstand sagt mir, dass das Leben weitergeht, doch diese Zeit der Trauer ist wie eine Wartezeit, in der die Zeit einfach stillsteht. Dieser Zustand ist anstrengend und manchmal kaum zu ertragen.

So vieles hat sich in meinem Leben verändert. Von nun an erwartest Du mich nicht mehr beim Nach-Hause-Kommen mit Deinem lichten Lächeln und Deinem freudigen „Hallo Linda!“, wie Du es so viele Wochen und Monate, ja Jahre hindurch getan hast. Es schmerzt so sehr zu wissen, dass Du nicht mehr auf dieser Erde wandelst. Mein Verstand dringt immer wieder zu meinem Herzen vor und flüstert ihm leise zu: „Ihm geht es gut, dort, wo er sich jetzt befindet. Er ist in Frieden gegangen und trägt all die Liebe in seinem Wesen, derer ein Mensch nur habhaft sein kann. So viel Liebe. Liebe und Frieden.“ Trotzdem vermag ich es nicht zu fassen, das Unbegreifbare. Ich vermisse Dich so sehr, dass mein Herz schmerzt.

In Liebe,
Deine Mutter

Es gilt, das Unfassbare
zu begreifen,
den Schmerz zuzulassen
ohne Angst, darin unterzugehen.
Der Liebe im Herzen
einen Platz geben,
damit die Grenzen
des Raumes überwunden werden.

Trotz des Verlustes
fühle ich mich reich
beschenkt
durch sein Dasein

und irgendwie ist der Verlust
damit kein Verlust mehr,
weil ich so viel von ihm
bekommen habe.

Woche 3 – Es ist ruhig um mich herum

3. Oktober 2011

Mein lieber Sohn,
„Langsam, langsam“, sage ich im Stillen zu mir, während ich mit klappernden Absätzen den Gehweg entlangeile, um die Trauerpost einzuwerfen und einkaufen zu gehen. Es ist der gleiche eilige Schritt, dieselben klappernden Absätze, mit denen ich noch vor nicht allzu langer Zeit die Krankenhauskorridore entlanggehetzt bin, während Du im geliehenen Krankenhaus-Rollstuhl oder Deinem

eigenen Rollator saßest und ich Dich vor mir herschob. Meistens mussten wir dringend und schnell zu einer der vielen Leitstellen hasten oder gar in die Notfall-Ambulanz. Vielleicht war meine Eile aber auch nur in dem Wunsch begründet, so schnell wie möglich wieder mit Dir nach Hause zu gehen, da die Angst, sie könnten Dich stationär aufnehmen müssen, stets präsent war. Nun braucht es diese Eile, diesen stechenden Schritt nicht mehr und doch habe ich ihn so verinnerlicht, dass er mir zur Gewohnheit geworden ist.

Es ist ruhig geworden um mich herum. Dein Vater geht wieder täglich an die Universität, die Vorlesungen haben begonnen. So fällt mir auf, dass ich allein bin. Ich war ja fast in ständigem Gespräch und Austausch mit Dir. Du wolltest oft zu Deinen Themen meine Meinung hören, um es dann doch nach Deiner eigenen Fasson zu entscheiden. Du erzähltest mir von den Informationen und Dingen, die Du im Internet entdeckt, im Fernsehen gesehen oder in der Zeitung gelesen hattest. Das alles fehlt mir nun! So wie Du mir fehlst mit Deiner Liebenswürdigkeit, Deiner Freundlichkeit, Deiner Heiterkeit, Deinem Lachen, Deiner Ernsthaftigkeit und Deiner Ungeduld.

Du erinnerst Dich sicher noch, dass ich in den letzten Wochen Deines Lebens, besonders im August, ständig an Deiner Seite war. Mit vielen kleinen Handgriffen konnte ich Dir Deinen Alltag erleichtern oder Gefälligkeiten für Dich erledigen. Zweimal täglich gab ich Dir die notwendige Spritze zur Blutverdünnung in Deinen Oberschenkel und ölte Dir die langen Narbenwege auf Deinem schmalen Körper, strich die Narben aus nach Deinen Anweisungen. Danach sagtest Du jedes Mal: „Danke Linda, dass du das für mich machst" und jedes Mal antwortete ich: „Ach, das mache ich doch gerne!" Wie gerne hätte ich noch viel mehr für Dich getan, wie gerne!

In Liebe, Deine Mutter

Woche 3 – Ich spüre Deine Gegenwart

7. Oktober 2011

Mein lieber Sohn,
endlich regnet es, endlich passt das Wetter wieder zu meiner inneren Befindlichkeit. Jeder neue Tag lässt neben dem tiefen Gefühl der Trauer den schönen Erinnerungen an Dich etwas mehr Raum.

Gestern empfand ich Deine Gegenwart beim Einkaufen in der Lugner City, zum ersten Mal seit Deinem Tod vor nun genau drei Wochen, ganz deutlich stark und intensiv. Als es für ein Make-up, auf das ich zwei Wochen lang warten musste, 25 Prozent Rabatt gab und gleichzeitig Dein Lieblingssong durch die Lautsprecher hallte, Du erinnerst Dich, „Today I'm not doing anything", Dein diesjähriger Sommer-Lieblingssong. Du warst ja immer ein Glückskind in Bezug auf Sonderangebote, Preisnachlässe, Rabatte. Fast bei jedem Einkauf hast Du davon profitiert und Dich immer so richtig darüber gefreut. In der Nacht dann, kurz vor dem Einschlafen, streifte ein leiser Windhauch meine Schläfe. Da musste ich lächeln, denn das Fenster war geschlossen, das konntest nur Du sein.

Heute vor drei Wochen bist Du von uns gegangen. Es genügt ein Musikstück, ein Foto, ein Gedicht, ein paar einfühlende Worte auf einer Beileidskarte, und schon rinnen meine Tränen. Deinem Vater geht es genauso. Dann überrollt uns eine Woge des Schmerzes, der Trauer, eine unendliche Leere, wo einst Dein Lächeln unsere Umgebung erhellte. Wir vermissen Dich, mein Sohn, in unserer Mitte. Du fehlst uns sehr. Wie sollen wir das ertragen, wo wir doch wissen, dass es für immer in diesem Leben sein wird?

Vergangenen Samstag haben wir das Formular zur Freigabe Deines Leichnams im hellen Sonnenschein bei der

Gerichtsmedizin abgeholt. Professor Risser, der Leiter der Gerichtsmedizin, der Deinen Leichnam tags zuvor obduziert hatte, fand sich zu einem Gespräch mit Deinem Vater und mir bereit. Er nahm sich Zeit und beantwortete alle unsere Fragen. Er zerstreute unsere Zweifel und bestätigte, dass kein Fehler vonseiten der operierenden Ärzte des AKH vorlag. Er meinte, die Operation wäre lang und schwer gewesen. 174 Minuten seien allein am offenen Herzen gearbeitet worden. Am Ende lief es wohl darauf hinaus, dass sieben schwere und lange Operationen seit Ostern einfach für Deinen Organismus zu viel waren. Daher die Unterversorgung des Gehirns mit Sauerstoff, daher das Gehirnödem, der darauf folgende Hirntod, ohne dass Du noch aus der Narkose erwachen konntest. Du bist in dem Moment gegangen, als Du keine Hoffnung mehr hattest. In dem Moment, wo nur noch Schmerzen und Leid und ein menschenunwürdiges Dasein auf Dich gewartet hätten. Die Folgen dieser Sepsis wären für Dich, ebenso wie wahrscheinlich für Deinen Vater und mich, grauenvoll gewesen. Sie hätten uns vermutlich das Herz gebrochen. Du konntest in Frieden sterben. Mit gelösten Gesichtszügen und einer friedlichen Ausstrahlung lagst Du auf dem Bett, Dein Vater sagte: „Wie ein Heiliger liegt er da."

Jetzt ist Dein klarer, kluger, wacher Geist frei. Deine Güte und Dein Wohlwollen spüre ich immer wieder aufs Neue in meiner Nähe. Deine Liebe gibt mir die Kraft, das Gute in allem, was geschieht, zu suchen und zu erkennen. Du warst und bist das größte Geschenk, das mir das Leben gab, indem ich Dein Leben teilen und genießen durfte. Du bist ein Teil von uns, so wie Dein Vater und ich Teil von Dir sind. Daran kann auch Dein Tod nichts ändern.

In Liebe getragen. Jetzt und immerdar.
Deine Mutter

Woche 4 – Jetzt geht es Dir gut

10. Oktober 2011

Mein lieber Sohn,
in diesen Momenten wird Dein Leichnam von den Flammen verzehrt. Er wird verbrannt in Deinem maßgeschneiderten Anzug aus Nepal, aus dem feinsten Tuch, dass wir damals auf unserer gemeinsamen Reise 2008 nach Kathmandu finden konnten, und dem neuen dunkelvioletten Baumwollhemd von H&M, von dem Du sagtest, es sei das schönste Hemd, dass Du jemals besessen hättest. Wir hatten es zusammen bei Deinem letzten Einkaufsbummel in der Lugner City kurz vor Deinem Tod gekauft und Du hattest keine Gelegenheit mehr, es vorher zu tragen.

Ich sitze heute im selben Café, wo ich schon einmal zuvor saß, nachdem ich Dir bei der Krankenkasse die Krankentransportscheine besorgt hatte. Damals war ein Trupp Polizisten in Zivil im Raum verteilt gesessen, als sie alle plötzlich auf ein geheimes Zeichen hin aufsprangen und zwei Männer überwältigten, die an einem Kaffeehaustisch saßen, und sie in Handschellen abführten. Dabei gab es eine irrsinnige Rangelei, niemand wusste, was los war, die Männer, alle in Jeans und Lederjacken, konnte ich nicht zuordnen. Erst als die zwei Verbrecher im Polizeiauto saßen und weggebracht wurden, entspannte sich die Situation. Plötzlich hatten die Polizisten wieder ihre Dienstjacken an, die Waffen waren aus ihren Händen wieder an die Gürtel gewandert und sie klopften einander erleichtert auf die Schultern und lachten und riefen dumme Sprüche.

Zu diesem Zeitpunkt ging es Dir nicht gut. Du hattest Mühe mit der Sauerstoffsättigung im Blut, trotz permanenter Sauerstoffzufuhr wollte es einfach nicht reichen. Da erzählte ich Dir diese Geschichte ausführlich, denn so konnte ich Dir die Welt nach Hause bringen, wenn Du schon nicht in die Welt hinausgehen konntest. Das muss in den letzten Wochen vor der Transplantation gewesen sein, als Du die Wohnung nur noch für die regelmäßigen Krankenhaus-Termine verlassen konntest.

Heute sitze ich nun in Gedenken an Dich vor meiner Melange und werde Dir nichts mehr erzählen können, wenn ich nach Hause komme, nie mehr. Meine Augen werden Dich nicht finden in Deinem Zimmer, mein Ruf: „Hallo, ich bin wieder da", wird nicht mehr von Dir beantwortet. Dieser lange Weg mit Dir ist nun zu Ende, die Flammen fressen den Körper auf, der Dir in den letzten Jahren so viel Mühe bereitete. Nun ist er zur leeren Hülle geworden und wird zu dem, zu was alles auf Erden einmal werden wird, zu Staub.

Ich tröste mich einmal mehr damit, dass es Dir da, wo Du jetzt weilst, gut geht und Du von Frieden und Liebe umgeben bist.

In Liebe,
Deine Mutter

Woche 4 – Tröstliche Karten

14. Oktober 2011

Mein lieber Sohn,
Trauer und Anspannung vermischen sich zu einem dichten Gefühl der Unaufmerksamkeit das „Außen" betreffend. Fast wäre ich vorhin in ein Fahrrad hineingelaufen, als ich die Straße überquerte. Mir war, als würde ich Dich mit mir schimpfen hören: „Mensch, pass doch besser auf Dich auf!"

Heute vor vier Wochen bist Du entschlafen. Entschlafen, dieses Wort trifft das Geschehene am besten, finde ich, da

Du aus der Narkose nicht mehr aufgewacht bist. Nachdem wir nun nach der Freigabe Deines Leichnams mit den Vorbereitungen zur Trauerfeier beginnen konnten und zuallererst die Trauerkarten an Verwandte, Bekannte, Freunde und die Menschen versandt hatten, die Dich kannten, erreichen uns nun die ersten Beileidskarten. Dabei berühren mich manche Beileidskarten mit ihrer schlichten Eindringlichkeit. Besonders wenn die Anteilnahme wirklich von Herzen kommt, und nur dann. Ich spüre sofort an den Worten und Zeilen, wenn dem Schreiber oder der Schreiberin Dein Tod wirklich nahegeht. Das sind eigentlich die meisten. Kostbar sind die Briefe und Karten, die einen eigenen Moment der Wahrnehmung des Verfassers von Dir beleuchten, ein Bild, ein Blick, eine Geste, ein Ereignis, und mir zeigen, dass Du „erkannt" wurdest. So wie heute der Brief des Leiters Deines ehemaligen Gymnasiums. Sehr oft, vor allem auch in den Gesprächen, ist die Rede von Deinem hellen, klaren Blick, Deinem freundlichen Lächeln. Das beweist mir nur einmal mehr, dass Du auch andere Menschen beeindruckt hast.

Im Brief von Herrn Metzger heißt es an einer Stelle: „Ich sehe ihn immer noch am Eingang des unteren Schweizerbaus stehen und mich anlächeln und werde dieses Bild von ihm immer bei mir tragen."

Meine Trauer um Dich ist wie eine offene Wunde. Sie schließt sich immer wieder mit einer dünnen Schicht, jederzeit bereit, durch den aufsteigenden Schmerz zu bersten, um meinen haltlosen Tränen freien Lauf zu lassen. Dann sage ich mir, dass dies mein Schmerz ist, nicht Deiner. Dass es Dir gut geht, dass Du Deinen Weg in Frieden gehst, dass es so ist, wie Du so oft zu mir gesagt hast: „Ach, Linda, für Dich ist es viel schwieriger als für mich." Ich habe damals nicht verstanden, was Du damit gemeint hast. Jetzt weiß ich es.

In Liebe, Deine Mutter

Mit einem Schlag
tut sich die Hölle auf,
der Tod tritt ein
und nimmt den Sohn mit sich.

Betäubt und dumpf
tobt der Verlust in uns
ganz fürchterlich
und sucht nach Sinn.

Die Zeit vergeht
und hilft doch nicht,
der Schmerz in uns
versiegt niemals.

Doch lernen wir,
das Schicksal anzunehmen,
und bieten Raum
für die Erinnerung.

Denn was gewesen einst,
das kann uns niemand nehmen
und die Erfahrung
hat uns reich beschenkt.

Traum von einem fremden Land

Wir leben in einem fremden Land. Vielleicht ist es auch nur ein langer Urlaub und nun ist die Zeit gekommen, um nach Hause zu fliegen. Die gepackten Koffer werden von Fahrern abgeholt und separat zum Flughafen gebracht.

Die Straßen sind überschwemmt und zu schnell fließenden Flüssen geworden. Wir müssen Boote zum Flughafen nehmen. Schmale, lange Holzboote, das verwitterte Holz unbehandelt. Im Innenraum ein Holzbrett als Sitz. Dort nehme ich Platz, hinter mir ein Holzruder, mit dem ich das Boot lenken kann. Mein Sohn Tilman sitzt auf dem Boden des Bootes, er ist ungefähr 8 oder 9 Jahre alt. Er rutscht zur Seite des Bootes, legt einen Arm locker über die Bootswand und blickt mich an aus seinen hellen, klaren Kinderaugen. Vertrauensvoll und ohne Verwunderung oder Angst über diese unerwartete Situation: Die Straßen sind überschwemmt, also fahren wir halt mit dem Boot. Warum auch nicht. Sein Vater ist vorausgegangen und sitzt bereits in einem anderen Boot. Er ist nervös, ob wir die Strecke bis zum Flughafen in der verbleibenden Zeit schaffen. Ein gutes Stück ist er vorausgefahren, um zu testen, ob die Boote gut im Wasser liegen und ob wir bei dem aufkommenden Unwetter überhaupt fahren können. Nun blickt er sich um nach uns, ob wir bereit sind.

Im nächsten Moment gleiten wir hintereinander über das Wasser. Das Tempo ist mild, der Wasserstand knietief. Ich entspanne mich und höre Tilman zu, der seine Erlebnisse der vergangenen Wochen vor mir ausbreitet. Begegnungen mit seinen nepalesischen Freunden, verbotene Gänge in die Stadt, um Süßigkeiten zu kaufen und wie viel Spaß das gemacht hat.

Das Boot nimmt an Fahrt auf, das Wasser ist längst hüfthoch angeschwollen. Tilman wird nass von der hoch aufspritzenden Gischt. Ich sehe das vordere Boot nicht mehr. Panik breitet sich in mir aus. Habe ich eine Abzweigung übersehen? Die Wasserstraße wird immer breiter, es sieht ganz so aus, als wäre unser Boot auf dem Meer, denn ich kann nirgendwo ein Ufer erkennen. Ich bugsiere Tilman zwischen meine Beine in die Mitte des Bootes, damit das Schaukeln sich beruhigt.

Keine Menschenseele, kein anderes Boot ist weit und breit zu sehen. Nur wir beide, Tilman und ich, in diesem roh gezimmerten Boot auf dem unendlichen Wasser. Wir haben weder Essens- noch Trinkvorräte, auch keine Schwimmwesten, kein Handy, nichts. Aber ich bin mir ganz sicher, dass Tilmans Vater uns suchen und finden wird.

Vermutlich ist das Flugzeug dann bereits abgeflogen, aber das ist nicht so wichtig. Hauptsache, wir sind wieder zusammen, wir drei.

Zeit der Trauer

Leid und Trauer, Trauer und Leid. Ich habe beide Begriffe seit dem Tod meines Sohnes für mich in Beschlag genommen, denn sie bestimmen mehr als alles andere mein Leben. Die ersten Wochen nach seinem Tod benutzte ich sie, um meinen Zustand zu ergründen und meinem beängstigenden neuen Dasein einen Boden zu geben, auf dem ich mich bewegen konnte. Ich unterschied anfangs die beiden Begriffe nicht bewusst, eher gefühlsmäßig, wenn überhaupt, vielleicht aber auch nur rein zufällig. Ich kann es nicht genau sagen, denn die ersten Wochen sind hinter einem Schleier verborgen, ich erinnere mich nicht, so sehr ich es auch versuche.

Erst nachdem die ersten Monate hinter mir lagen, dachte ich darüber nach: Wann sagte ich „Leid“ und wann „Trauer“? Es wurde mir bald klar, dass „Leid“ Schmerzen enthielt. Trauer war vielmehr der Prozess, der nach dem Abklingen der akuten Schmerzen eintrat. Jetzt, nach über einem halben Jahr, um genau zu sein, sind es heute 27 Wochen nach seinem Tod, trage ich zwar den Nachhall dieser Schmerzen noch in mir, doch das Leid ist durch die Aufmerksamkeit, die ich ihm immer noch widme, den Raum, den ich ihm gab und weiterhin gebe, die Energie, mit der ich mich ihr stellte, mehr und mehr in Trauer transformiert.

Ich lerne zu akzeptieren, dass mein Sohn nicht mehr am Leben ist. Es gibt tatsächlich die wachsende Klarheit in mir, dass es für ihn letztendlich besser so ist, nach all dem, was geschehen ist. Trotzdem grüble ich immer wieder, ob ich diesen Tod verhindern hätte können. Ich finde keinen Anhaltspunkt in meinen endlosen Rückbesinnungen, zu welchem Zeitpunkt ich oder wir hätten anders entscheiden müssen, wo ein Fehler geschehen war, eine Fehlentscheidung, ein Versäumnis. Etwas, wäre es anders gelaufen, nicht so entschieden worden, bedeuten könnte, dass er jetzt noch lebt.

Woche 5 – Asche zu Asche

17. Oktober 2011

Mein lieber Sohn,
Deine Bestattungsfeier fand heute statt. „Die Verortung", wie unser lieber Freund Axel so treffend sagte. Nun hat die Asche Deines Leichnams auf dieser unserer Erde ihre letzte Wohnung bezogen, hier in unserer Nähe auf dem Ottakringer Friedhof. Geschützt unter einer Föhre liegt das Grab, mit Blick auf die vorbeifahrenden Autos auf der Straße, die am Friedhof entlang zum Wilhelminenberg hinauf führt. Das hätte Dir sicher gefallen.

Viele Freunde, Verwandte und Bekannte waren versammelt, um Deinen Geist zu diesem Ruheplatz zu geleiten. Diese Trauerfeier war meines Sohnes, Deiner, würdig. Ich glaube, dass die Zeremonie Dir gefallen hätte. Wir haben Dich ohne Pfarrer verabschiedet, weil Du ein bekennender Atheist warst. Wir haben Deinen Lebenslauf verlesen lassen, von Eli, unserem Freund, den Du sehr mochtest. Dein Vater und ich haben Fotos aus den verschiedenen Lebensphasen auf einem Bildschirm gezeigt, während Deine Sommer-Lieblings-Musik lief, die Du uns auf einem Computerstick hinterlassen hast. Danach wurden Sanskrit-Verse über das Sterben und Wiedergeborenwerden auf Sanskrit und Nepali von Alaka gesungen, Johanna hat die deutsche Übersetzung vorgetragen. Die beiden konntest Du doch auch gut leiden. Und zu guter Letzt trug Deine Cousine Mona einen kleinen Text vor, den Elke geschrieben hatte, die Mutter Deiner beiden besten Freunde. Die liebe Elke, die Du verehrtest und die Dich am Wochenende vor Deinem Tod noch im Krankenhaus besucht hatte. Und so wie Deine Seele nun zufrieden ist, so ist es auch meine und die von Deinem Vater. Jetzt kann wieder etwas Ruhe einkehren in mein Leben und ein neuer Abschnitt irgendwann beginnen.

Jede und Jeder der anwesenden Trauergäste hat uns, Deinem Vater und mir, geholfen mit ihrer Anteilnahme und ihrem Verständnis, ihrer Liebe. Ich habe in den letzten Tagen viel Mitgefühl erfahren und gespürt, dass ich mich trotz Deines Todes, dem Verlust Deiner irdischen Präsenz, reich beschenkt fühle. Mir war nicht klar, *wie viel* Liebe und Wärme hier in Wien für mich bereitliegen, wie viel die Verwandtschaft für mich aufbringt, auch und vor allem meine eigene Familie, Elke, Daniel und Kristina und meine Schwester Monika. Ich fühle mich nun in mein Leben gebettet wie nie zuvor. Dank der Liebe zu Dir und der Liebe, die ich von Dir empfangen habe, bin ich nun in Liebe gehüllt in meinem eigenen Leben erwacht.

Wien ist ein guter Platz für mein Leben. Durch Deine Verortung hier in Ottakring hast Du uns eine Heimat gegeben. Ich, die alte Zigeunerin, habe nun einen Platz im Leben, einen Ort großer Bedeutung gefunden, an den es mich immer wieder zurückziehen wird, weil Du hier Deine letzte Ruhe gefunden hast.

Mögest Du in Frieden ruhen.

In Liebe,
Deine Mutter

Woche 5 – Ich vermisse Dich

22. Oktober 2011

Mein lieber Sohn,
nun bist Du bereits seit fünf Wochen tot und ich vermisse Dich immer noch schmerzlich. Aber das ist der Preis für die Nähe und die Liebe eines geliebten Menschen: Man muss

bereit sein, den Schmerz auszuhalten, wenn dieser die Erde verlässt. Das lerne ich in dieser Zeit. Ich stelle mich diesem Schmerz in kleinen Schüben, erst mal. Mehr würde mich hinwegschwemmen.

Eben habe ich die Verkäuferin von Eduscho ganz schön verschreckt mit meinem plötzlichen Tränenausbruch. Aber hier, in diesem Einkaufszentrum, bist Du mir immer recht nahe, vielleicht weil ich hier so oft und viel für Dich eingekauft habe. Und manchmal warst Du ja auch mit dabei, an meiner Seite. Ach, wie habe ich es geliebt, mit Dir einkaufen zu gehen. Du warst immer so ein geduldiger und einfühlsamer Begleiter. Hattest stets gute Ideen und warst so umsichtig und so aufmerksam.

Noch immer treffen viele Beileidskarten von Menschen ein, die mir und Deinem Vater Trost sind. Daher begannen wir auch heute mit den Dankesschreiben, die wir gemeinsam entworfen haben, ebenso wie wir das auch mit den Trauerkarten gemacht hatten. Bei einigen Leuten, bei fast allen eigentlich, schreiben wir noch persönliche Bemerkungen dazu. Dabei bricht der Schmerz oft durch die Wunde und die Tränen fließen.

In Liebe,
Deine Mutter

Besondere Umstände

In der Welt, die mein Freund und ich für uns schufen, schafften wir den Raum für unser Kind und änderten unsere Pläne ein wenig. Wir würden eben zu dritt nach Nepal gehen und dort leben. Dort fühlten wir uns wohl, mein Freund könnte seine Forschung trotzdem durchführen und Kinder waren in Asien sowieso willkommen und geliebt. Alles kein Problem.

Was wir nicht wussten und nicht ahnen konnten, war die Tatsache, dass mein Freund und ich Träger eines Gendefekts sind. Es war noch nie zuvor in einer unserer Familien in Erscheinung getreten. Wir waren daher zuversichtlich und freuten uns auf den kleinen Menschen, der Ende 1983 zu uns kommen würde.

Dass unser Sohn Mukoviszidose hatte, wurde nicht nach der Geburt diagnostiziert. Zwar wurde ein krankenhausüblicher Test mit ihm gemacht, aber der war negativ. Er wirkte gesund und munter und so gingen wir auf die große Reise, als er zwei Monate alt war.

Wir flogen nach Nepal und bezogen das Erdgeschoß einer alten Villa am westlichen Rand von Kathmandu, Freunde von uns zogen in den ersten Stock. Vor unserer Haustüre erstreckte sich ein großes, brachliegendes Feld, das wir noch vor dem ersten Monsunregen mit Basmati-Reissetzlingen bepflanzen ließen. Wir lauschten den Gesängen der meist jungen Frauen bei der Arbeit, die ihre Saris hochgebunden trugen und bis zu den Knien im Wasser standen. Ich hielt meinen Sohn auf den Armen, während ich fasziniert die Vorgänge beobachtete. Die Frauen riefen mir immer wieder Bemerkungen zu, die zu verstehen ich mir große Mühe gab, was aber meist nur in allgemeinem Gelächter endete. Doch ihre Aufmerksamkeit galt dem blonden Jungen in meinen

Armen, dessen schulterlange Locken sein Gesicht schmeichelnd umrahmten und dessen helle Haut so ganz anders war als die ihrer eigenen Kinder. Seine großen blauen Augen mit den langen, gebogenen Wimpern, die seine Augenbrauen fast berührten, brachten sie zum Schwärmen. Immer wieder trat eine der Frauen aus dem Feld heraus und kam zu uns heran, um ihn in die Wange zu kneifen oder ehrfürchtig sein weiches Haar zu berühren. Dabei stießen sie entzückte Knacklaute aus und priesen seine Schönheit, die der eines Mädchens ebenbürtig sei.

Seine Krankheit wurde erst im Alter von fast sechs Jahren diagnostiziert, als ich zu Untersuchungen mit ihm nach Deutschland geflogen war. Mein Freund, den ich inzwischen geheiratet hatte, und ich hatten uns Sorgen gemacht, denn unser Sohn gedieh nicht recht, war oft erkältet, hatte einige Lungenentzündungen hinter sich und war auch nicht seinem Alter entsprechend gewachsen.

Unser Sohn war ein zartgliedriger Junge mit großen, leuchtenden blauen Augen. Von eher kleiner Statur, lag er immer knapp unterhalb der untersten Perzentile in den Tabellen des Kinderarztes bei den vorgesehenen Untersuchungen in dem dafür vorgesehenen gelben Heftchen. Sein Gewicht blieb über lange Zeiträume hinweg konstant, er wollte einfach nicht zunehmen. Wenn die wechselnden Kinderärzte, die wir in Deutschland zurate zogen, mit ihm in Kontakt kamen, waren sie meistens von seinem energischen, doch stets freundlichen Wesen, den wachen Augen, dem strahlenden Lachen beeindruckt. Sie erfanden mit uns Erklärungen für das verzögerte Wachstum: Manche Kinder wachsen eben langsam oder manche Kinder haben später einen Schub und holen dann alles auf einmal nach, Spätentwickler, Spätzünder, so in etwa klangen die Bemerkungen.

In diesem Netz von verschiedenen Ärzten und unserer eigenen Fürsorge vertrauten wir darauf, dass sich Größe und

Gewicht mit der Zeit von allein regulieren würden. Was uns aber Sorge bereiteten, waren die immer wiederkehrenden Erkältungen, die sich oft in Lungenentzündungen auswuchsen. Es genügte ein kalter Wind, der unseren Sohn auf dem Weg nach Hause oder beim Spielen erwischte, ein aufziehendes Gewitter oder ein Bad vor dem Schlafengehen als Auslöser. Wir beschlossen, der Sache auf den Grund zu gehen, obgleich uns die Kinderärzte versicherten, dazu bestehe kein Grund.

Ich verbrachte Wochen und Monate mit ihm in diversen deutschen Krankenhäusern, bis die Diagnose stand: Mukoviszidose.

Diese Diagnose war ein Schock und veränderte unser Leben. Wir fühlten uns irgendwie ausgeliefert und hilflos zugleich. Wenn es nach dem leitenden Arzt, der uns die Diagnose so kühl und sachlich über den Schreibtisch gereicht hatte, gegangen wäre, wäre es am besten, wir würden in die Nähe seiner Klinik ziehen und ihm die Therapie für unser Kind überlassen. Allerdings hatte genau dieser Arzt unseren Sohn in den ganzen drei Wochen, die wir stationär auf seiner Kinderstation verbracht hatten und die es zur Diagnosestellung brauchte, nicht ein einziges Mal gesehen. Ich war auf einem geliehenen Reisebett neben dem Bett meines Sohnes immer anwesend. Dieser Arzt kannte zwar alle Blutergebnisse, Stuhlproben und die anderen Testergebnisse, aber er hatte nie in seine Augen geblickt oder ein Wort an ihn gerichtet.

Wir konnten die Diagnose nicht glauben. Sicher lag da ein Irrtum vor, vielleicht waren die Laborergebnisse mit denen einer anderen Person vertauscht worden oder sie waren verunreinigt oder, oder, oder. Alles in mir sträubte sich gegen die Endgültigkeit dieser neuen und fatalen Situation. Was bedeutete Mukoviszidose eigentlich? Wir wussten bis dahin nur, dass der Krankheit ein Gendefekt zugrunde lag und dass sie unheilbar war und nicht zu operieren.

Es fiel uns Eltern schwer, unsere bisherige Existenz mit diesem Krankenhaus in Süddeutschland in eine zukünftige Verbindung zu bringen.

Natürlich wollten wir, wie alle Eltern das tun, das Beste für unser Kind. Doch was war das? Der Raum, in dem wir uns von dem Moment der Diagnosestellung an befanden, hatte seine eigene Resonanz. Wir waren verantwortlich für das Wohl unseres Kindes und es gab nichts und niemanden, der uns diese Verantwortung abnehmen konnte. Von diesem Moment an lebten wir nach neuen, anderen uns unbekannten Gesetzen. Wir waren zu Eltern eines unheilbar kranken Kindes geworden, denn Mukoviszidose ist bis heute nicht zu heilen. Wir hatten soeben von einem Arzt erfahren, einer Kapazität auf seinem Gebiet, dass unser Sohn vermutlich zwölf, maximal dreizehn Jahre alt werden würde, also noch sechs bis sieben Jahre Restlebenszeit vor sich hätte. (Das waren die Worte des Arztes.) Davon würde er die meiste Zeit im Krankenhaus liegen und therapiert werden. Intravenöse Antibiotika, Abklopfen und Absaugen der Lungenflügel, künstlichen Sauerstoff zugeführt bekommen und spezielle flüssige Nahrung verabreicht bekommen.

Wir stellten so nach und nach die vorherigen Wünsche und Pläne, Ziele und Hoffnungen für unser Kind um. Es ging nicht mehr um gute Schulausbildung und zusätzliche Fördermöglichkeiten. Wir begannen ihm zu helfen, sein Leben mit möglichst wenigen Beschwerden zu leben. Wir wussten nun, dass sein Leben begrenzt sein würde, dass er uns mit ziemlicher Sicherheit nicht überleben würde. Mein Mann und ich beschlossen, uns medizinisch kundig zu machen und mit weiteren Fachärzten zu sprechen und alle nötigen Gerätschaften anzuschaffen. Unserem Sohn fehlte in der Bauchspeicheldrüse das Enzym, um Fett aufspalten zu können. Dieses Präparat konnten wir auf Vorrat besorgen.

Dann gingen wir zurück in unser altes neues Leben nach Kathmandu und konzentrierten uns auf Inhalationen,

Abklopfen der Lunge, die Einnahme der Medikamente und regelmäßige, engmaschige Kontrolluntersuchungen vor Ort und ein- bis zweimal jährlich in Deutschland.

Wir begannen Antibiotika schon bei einer sich anbahnenden Erkältung einzusetzen, um Lungenentzündungen gar nicht auftreten zu lassen, und achteten darauf, dass wir in unserem telefonischen Netz mit Ärzten in Deutschland zu jeder Tages- und Nachtzeit einen Ansprechpartner hatten. In diesen Jahren war unser Sohn relativ beschwerdefrei und diesen Zustand konnten wir erhalten, bis wir vier Jahre später zurück nach Deutschland zogen.

Eine völlig neue Sichtweise seiner Lebenssituation begann sich langsam, aber unaufhaltsam zu entwickeln und wir sahen uns als Begleiter, Helfer, Freunde für unseren Sohn. Da wir wussten, dass unsere gemeinsame Zeit begrenzt war, genossen wir sie umso mehr. In jedem Augenblick mit meinem Sohn war mir bewusst, wie wertvoll er mir ist. Ich lernte den Spagat von Genuss, Intensität und Melancholie in meinem Dasein. Ich lernte, in der Gegenwart zu leben, mich auf sie zu konzentrieren und das Wissen um das Ende der Zeit an den Rand des Erlebens zu stellen.

Verdrängen ließ es sich nicht, sein stetig wechselnder und mit wachsendem Alter sich verschlechternder Gesundheitszustand machte das unmöglich. Mit der Pubertät veränderte sich auch seine Verfassung. Er konnte beim Schulsport nicht mehr mit den anderen Jungs mithalten, auch beim Tennis mit seinem Vater oder Freunden war seine Kondition mehr und mehr eingeschränkt, bis er schließlich frustriert die Freude daran verlor. In dem Maße, wie die Krankheit seine Lunge zersetzte, regelrecht zerfraß, schwanden seine körperlichen Kräfte. Natürlich versuchte er dagegen anzugehen, aber es war ihm klar, dass am Ende, irgendwann, die Krankheit die Oberhand gewinnen würde.

Wir stellten uns entschlossen auf seine Seite, loyal, wohl wissend, dass andere Eltern über uns lächelten, wenn wir in deren Augen einmal wieder zu nachsichtig ihm gegenüber reagiert hatten oder ihn nicht genug forderten oder ihn nicht bestraften. Wenn wir ihn verwöhnten und seinen Wünschen allzu leicht nachgaben. Wenn er sich nicht wohlfühlte und mit einem Erreger kämpfte, schrieben wir ihm eine Entschuldigung für die Schule. Wenn die Noten, die er bei Klassenarbeiten geschrieben hatte, auch nicht die besten waren, so lobten wir ihn trotzdem. Allein die Tatsache, dass er das Gymnasium absolvierte und später die Fachhochschulreife nachholte, war für uns Eltern Grund genug, stolz auf ihn zu sein.

Unser Sohn wollte nicht, dass seine Krankheit im Freundes- und Bekanntenkreis publik wurde, er wollte kein Mitleid, er wollte den gleichen Voraussetzungen wie alle anderen ausgesetzt werden. Wir taten ihm den Gefallen, obwohl er den schwersten Weg wählte. Aber uns war klar, dass dies sein Leben war und er entscheiden sollte, wie er es verbringen möchte. Wir waren an seiner Seite. Bis zuletzt, als wir auf der Intensivstation nach seinem Hirntod die Stecker der Herz-Lungen-Maschine aus dem Netz ziehen ließen. Denn das hätte er gewollt, da waren wir uns ganz sicher.

Mit Diagnosestellung gab es plötzlich zwei Welten für uns: die Normalität, wo für andere alles seinen gewohnten Gang ging, und jene, in der wir lebten und sozialen Austausch hatten. Zwar alles auch mit Höhen und Tiefen, aber mit der klaren Zielrichtung in die Zukunft. Man sah unserem Sohn seine Krankheit nicht an. Zwar wuchs er zu einem schlaksigen jungen Mann heran, doch sein freundliches Wesen mit den strahlenden Augen und dem offenen Lächeln waren ihm geblieben. Sie täuschten über seine körperlichen Schwächen, die Kurzatmigkeit und die mangelnde Energie hinweg. Er behielt die Diagnose für sich und bat uns Eltern, das auch zu tun. Nur die engsten Freunde und die Verwandtschaft wussten Bescheid.

Mit unserem Sohn lebten wir in einer Parallelwelt, in der der Tod und die bevorstehende Endlichkeit des Lebens ständig mahnten, alles nur erdenklich Mögliche zu tun, um die Diagnose außer Kraft zu setzen oder zumindest die prophezeite verbleibende Rest-Lebens-Zeit mit ihm zu verlängern und zu genießen. Mit der vollsten Aufmerksamkeit und Achtsamkeit, zu der wir nur fähig waren. Ich machte mich auf die Suche nach alternativen Heilungsmöglichkeiten und entdeckte dabei die Homöopathie als Ergänzung zur Allopathie. Shiatsu, um Energien aufzubauen, und Fußreflexzonenmassagen, mit denen ich ihm über viele Jahre hinweg zum Einschlafen verhalf, und manches mehr.

Die stetig voranschreitende Forschung auf dem Gebiet der Genforschung und die erzielten Erfolge gaben uns Hoffnung. Schließlich konnte täglich ein Medikament auf den Markt kommen, das Heilung versprach. Das Wunder könnte ganz konkret in Form von Tabletten oder Spritzen auf unserem Tisch landen.

Dann gab es wieder Zeiten, da erfüllte mich die Gewissheit, dass die Diagnose nicht wahr sein könnte. Sicher hatten die Ärzte sich getäuscht, sicher lag ein Fehler bei den Untersuchungsergebnissen vor, wäre die Krankheit sonst nicht schon nach der Geburt erkannt worden? Und überhaupt: Unserem Sohn ging es fantastisch. Er war voller Lebensfreude und unbändiger Energie. Er lachte und spielte, er nahm zu und wuchs in die Höhe, wenn auch langsam, aber er wurde größer. Schon als kleines Kind beschäftigte er sich stundenlang hingebungsvoll versunken mit seinen Spielzeugautos oder baute nach komplizierten Plänen Legosteinchen zu Baggern und Sportwägen zusammen. Als er älter wurde, zeichnete er selbstvergessen Cartoons von Fantasie-Motorrädern und coolen Bikern in bizarren Klamotten und witziger Ausrüstung. Er stellte die Zeichnungen in Reihenfolgen zusammen, sodass sie Geschichten ergaben, die er uns am Abend vor dem Schlafen erzählte. Dabei lachte er oft lauthals auf, weil er sich selbst am meisten darüber amüsierte.

Es war einfach nicht zu glauben, wenn ich meinen Sohn beim Spielen beobachtete oder sein helles, fröhliches Kinderlachen durch die Zimmer unseres Hauses flutete, dass der Tod seinem Leben so nahe war.

Woche 6 – Du lässt mich, wie ich Dich lasse

28. Oktober 2011

Mein lieber Sohn,
heute sind es sechs Wochen her, dass Du von uns gegangen bist. Ich besuche jede Woche mit Deinem Vater zusammen Dein Grab. Heute war ich zum ersten Mal allein da, doch ohne die Nähe Deines Vaters fand ich keine innere Ruhe. Durch die frische, trockene Kälte halten sich die Kränze und Blumengestecke frisch. Daher habe ich das Grab nach der Beisetzung noch nicht abgeräumt, sondern lediglich die Blumenkrawatte vom Holzkreuz genommen. Deine Großmutter hatte sie vergangenen Sonntag bei ihrem Besuch wie einen Schal um das lange Kreuz geschlungen, das hatte mich irgendwie gestört, aber aus Respekt vor ihr habe ich nichts gesagt. Noch immer wirkt das Grab frisch, bunt und freundlich.

Inzwischen haben Dein Vater und ich fast alle Dankeskarten geschrieben. Das war noch einmal eine sehr schmerzhafte Situation, weil wir fast jede Karte individuell schrieben, indem wir auf die jeweilige Beileidskarte eingegangen sind.

Nun müssen wir also ohne Dich leben: Du kommst nicht mehr aus Deinem Zimmer oder aus dem Bad gelaufen und Du sitzt auch nicht mehr am Esstisch vor Deinem Mac oder vor einer von mir zubereiteten Speise. Ich sehe Dich nicht mehr von Angesicht zu Angesicht, Du bist nicht mehr unter uns. Was nicht heißt, dass ich Dich nicht spüre oder Du nicht präsent bist. Dein Vater und ich schauen die Formel-1-Rennen an und wir sehen das Rennen mit Dir und für Dich, heute der Grand Prix in Indien (neue Rennstrecke in Rajasthan). Jeden Abend zünde ich eine Kerze vor Deinem Foto an, immer wieder fällt mein Blick darauf und ich spreche mit Dir, als wärst Du im Raum anwesend und mir ist, als wüsste ich, was Du antwortest.

Um Dich herum ist die Atmosphäre ruhig und friedlich, so scheint mir. Wir begegnen einander mit Liebe und Respekt, so wie wir das immer getan haben. Du lässt mich, wie ich Dich lasse. Aber ich vermisse Dich zutiefst. Deinen Mut, Deine Kraft, Deinen Willen, wenn Du etwas wolltest oder auch nicht wolltest. Deine Kompromisslosigkeit, Deine Bescheidenheit und die menschliche Größe, die Du über die Jahre vielleicht gerade wegen Deiner Krankheit entwickeltest. Gerade auch in Bezug auf Unzulänglichkeiten anderer Menschen bezogen, deren Ticks und Spleens, für die Du stets Erklärungen und Einfühlsamkeit vorbrachtest, besonders wenn ich sie schon angeprangert hatte. Oder Dein Bedürfnis, schwächere Mitglieder der Gesellschaft, vor allem Kinder, Alte, Behinderte, aber auch Tiere und die Umwelt zu schützen. Deine Genügsamkeit und die Kunst, Dich mit den Gegebenheiten nicht abzufinden, sondern Dich darin zurechtzufinden. Deine Genauigkeit im Detail, wenn Du mit unendlich erscheinender Geduld Dich einer kniffligen Ausschneidearbeit widmetest und Deine Fähigkeit zu fantastischen Plänen und Ideen, in denen du dir eine Karriere als Architekt, der schwebende Häuser baut, als Busfahrer oder Krimischriftsteller vorstelltest, jeweils Deinen neuesten gesundheitlichen Gegebenheiten angepasst. Denn ein Leben ohne sinnvolle Aufgabe außerhalb Deiner Erbkrankheit war für Dich unvorstellbar.

Das alles existiert nun in meiner Erinnerung und ich habe keine Angst, dass sie irgendwann verblasst. Ich habe Dich schon immer bewundert und werde das auch weiterhin tun.

In Liebe, Deine Mutter

Traum von Medikamenten

Ich komme zu spät zu einer Besprechung mit meinen Kolleginnen. Wir sind alle in weiße Kittelschürzen gekleidet, wie Ärztinnen oder Krankenschwestern. Wir haben einander Rede und Antwort zu stehen, das ist der Sinn unserer Besprechung.

Die Reihe kommt an mich und ich muss in der Aufregung zugeben, dass ich mich nicht an den Namen des Medikamentes erinnern kann, das mein Sohn intravenös als Langzeittherapie (Chemotherapie) gegen den Systemischen Pilzbefall verabreicht bekommt. (Es heißt Ambisome.) Grund für die Kolleginnen, über mich herzufallen, mich fertigzumachen: wie schlecht ich meine Aufgabe und Arbeit verrichten würde. Sofort erfüllt mich dieses unzulängliche Gefühl, diese Ohnmacht, nicht alles Menschenmögliche für meinen Sohn getan zu haben, und ich werde traurig und betrübt.

Wenn ich vor dem Grabe stehe,
sinkt das Herz mir auf den Grund,
strahlen mir doch meine Tage
nicht wie früher – groß und rund.

Ach, wie sehr wir Dich vermissen,
wissen Du und ich allein,
Du bist von uns fortgegangen
lässt uns in der Welt allein.

Deine Zeit war abgelaufen
(grausam, doch es musste sein)
was Du noch erleben wolltest,
bleibt nicht mehr als schöner Schein.

Woche 6 – Fast alles war möglich

1. November 2011

Mein lieber Sohn,
Dein Vater und ich sind in die Thermenanlage des Linsberg Asia gefahren, um das warme Quellwasser zu genießen und mit Blick auf die Herbstbäume im Freien zu schwimmen. In diesen sattprächtigen Farben verliert sich unser Blick und an dem dunkelrot-braunen Buchengeäst kann ich mich kaum sattsehen. Entspannung, gutes Essen, kurze Wege, kluges Design, bedachte Architektur, ansprechendes Ambiente und Feng-Shui in künstlerisch-kreativer Anwendung: Nahrung für alle Sinne. Wir durchleben auch hier schwermütige Momente, denn zwei Autobahnausfahrten von hier befin-

det sich das Rehabilitationszentrum Hochegg, in dem Du vom 11. Februar dieses Jahres beginnend, 2 ½ Wochen nach der gelungenen Lungentransplantation verbracht hast, vor 38 Wochen, um genau zu sein. Ich erinnere mich, dass es Dir dort nicht besonders gut gefallen hat, da Du die meiste Zeit allein in Deinem Zimmer verbringen musstest. Du trugst einen Krankenhauskeim in Dir und hättest die anderen Patienten damit anstecken können. Aber die täglichen Spaziergänge haben Dir trotzdem gutgetan und so wurden Körper und Muskeln trainiert.

Ich habe Dich an Deinem ersten Wochenende in Hochegg besucht und in der Nähe ein kleines Hotelzimmer genommen. So konnten wir gemeinsam Essen gehen und kleine Spaziergänge unternehmen und wir unterhielten uns ausgiebig über Deine Zukunftspläne. Zuallererst wolltest Du Dir ein Mountainbike aussuchen und kaufen, um downhill durch den Wienerwald fahren zu können. Und eine eigene Wohnung zu beziehen war Dir wichtig, darauf freutest Du Dich richtig. Du blühtest auf und fandest Deine Kräfte langsam wieder. Die Freude, diese Lungentransplantation und die Nachoperation wegen angewachsenen Gewebeteilen hinter Dir zu haben, erfüllte Dich und ließ Dich strahlen. Die Hoffnung auf ein „Neues Leben" war Realität geworden, Du konntest Dein Glück kaum fassen und nun war alles möglich, fast alles, was Du Dir erträumt hattest. Am Wochenende darauf kam ich mit Deinem Vater zu Besuch und bis zu Deiner Entlassung am 28. Februar war noch genug Zeit für ihn und mich, um noch zwei Tage in der Therme Linsberg zu verbringen, genau hier an diesem Ort, wo wir heute sind.

Vor 6 ½ Wochen bist Du entschlafen und Dein Vater und ich erholen uns langsam von diesen letzten so schweren und ereignisreichen Wochen und Monaten. Nichts ist gelaufen wie geplant und erhofft nach diesem Aufenthalt in Hochegg, aber auch gar nichts. Jetzt leben Dein Vater und ich wieder zu zweit, wie in den elf oder zwölf Jahren vor Deiner Geburt. Du lebst jetzt in unseren Herzen und in unserer Erinnerung weiter. Dein Vater und ich müssen Kraft schöpfen für die nächste Zeit, in der wir lernen müssen, ohne Dich zu leben. Aber wir werden Dich nie vergessen, Du bleibst für immer ein Teil von uns.

In Liebe,
Deine Mutter

Woche 7 – Jeder Tag ist anders

4. November 2011

Mein lieber Sohn,
die Natur hält den Atem an und umarmt sich selbst. Es wird Winter. Heute vor sieben Wochen bist Du von uns gegangen. Seitdem ist jeder Tag anders. Aber manche sind hart, besonders die Freitage. An einem Freitag ist es geschehen. Heute vermisse ich Dich ganz besonders, vielleicht weil ich die Karten für das Fantastische-Vier-Konzert bestellt habe. Die FANTAS waren Deine Lieblingsband schon seit vielen Jahren. Zwei Stücke von ihnen haben wir auf Deiner Trauerfeier gespielt für Dich. Dein Vater und ich werden das Konzert im Dezember im Gedenken an Dich hören. So, wie wir so vieles in Gedenken an Dich tun. Ach Du, möge Deine Seele in Frieden ruhen!

Es ist immer noch ungewohnt für mich, frei verfügbare Zeit zu haben und das zu tun, was mir gefällt. Seit Du am 6. Mai wieder stationär ins Krankenhaus musstest, bildete sich ein neuer Rhythmus in meinem Tagesablauf, der von den Besuchen bei Dir und Besorgungen für Dich bestimmt war. Bis Du am 4. August entlassen wurdest, erlebten Du und Dein Vater und ich mit Dir einen wahren Albtraum. Es fing damit an, dass Du eine schmerzende, recht kleine Stelle an der rechten Wade hattest, die zuerst als Knochenhautentzündung, dann als Haarwurzelentzündung diagnostiziert wurde. Diese Stelle sollte herausgeschnitten werden, aber dazu kam es nie. Stattdessen stellte sich ein Pilzbefall an Deinem rechten Auge heraus, das musste dringend am 17. Mai operiert werden. Doch es war schon zu spät, Du verlorst die Sehkraft auf diesem Auge. Kaum hattest Du Dich davon einigermaßen erholt, bekamst Du Lähmungserscheinungen in den Beinen, die nicht eingeordnet werden konnten. Dann wurde entdeckt, dass sich auf einer der vier Herzklappen eine Pilzkolonie angesiedelt hatte und eine Herz-OP wurde angeordnet. Dafür gab es lange Wartelisten, weil Herzoperationen bei vielen Menschen gemacht werden und nur die Notfälle einen schnellen Termin bekommen können. Also warteten wir und bemühten uns um einen nahen Termin. Gerade als wir einen ergattern konnten, musste er schon gleich wieder abgesagt werden. Man hatte herausgefunden, noch während Du bereits in der Schleuse zum OP lagst, dass sich ein Pilzklumpen von der Herzklappe gelöst hatte und sich einen Weg durch die Aorta gebahnt hatte bis hinunter in die Nähe des Solarplexus, wo sich die Aorta in zwei Bahnen teilt, die jeweils das rechte und das linke Bein hinunterlaufen. Eine Aorta-Operation wurde zwei Tage später, am 24. Juni, durchgeführt. Sie dauerte circa acht Stunden und war sehr riskant. Danach ging es Dir schlecht, denn Du hattest große Schmerzen. Die gängigen Schmerzmittel reichten da nicht mehr aus. Du bekamst eine Schmerzpumpe mit Opiaten, die Du selbst bei Bedarf betätigen konntest.

Doch viel Zeit zum Erholen und Gesunden hattest Du nicht. 1 ½ Wochen später, am 5. Juli, wurde die Herz-OP durchgeführt. Auch sie war lang und schwierig. Erst am 7. Juli konnten die Ärzte Deinem Vater und mir sagen, dass Du „über dem Berg“ bist. Diesmal dauerte es lange, bis es Dir wieder besser ging. Eine HNO-Operation war nötig, da man den Pilzherd in Deinen Nebenhöhlen vermutete. Am 25. Juli war es so weit: Dein Vater und ich brachten Dich diesmal bis zur OP-Schleuse, um sicherzugehen, dass die OP stattfand, da dies der letzte OP-Termin vor der Sommerpause war und wir nicht das Risiko einer langen Warterei eingehen wollten. Während diesen langen Wochen des Wartens, Hoffens und Bangens bekamst Du eine intravenöse Chemotherapie gegen den Pilzbefall. Man sagte uns lange nicht, dass der Befall systemisch sei und man deshalb diese Therapie ohne Pause über acht Wochen durchzog.

Dann, am 4. August, durfte ich Dich endlich nach Hause holen. Wir waren so froh und dachten, jetzt ist das auch ausgestanden, jetzt fängt das neue Leben endlich an! Alles war bereit dafür.

In Liebe,
Deine Mutter

Der Schleier
lüftet sich zu Zeiten,
dann wird mein Herz
mit einem Mal leicht,

der Sonne Strahl
erhellt mein Antlitz,
macht mich für meinen
Weg bereit.

Du willst,
dass ich mich dann erhebe
voll Mut und Kraft
mein Künstlerherz,

und weiter mich
auf diesem Weg bewege
und weiter wandre
himmelwärts.

Woche 8 – Es ist meine Trauer

11. November 2011

Mein lieber Sohn,
heute sind es also acht Wochen her, dass Du entschlafen bist. Es kommt mir viel länger vor und dann auch wieder so, als wäre diese Tatsache gar nicht real. Wie kann es möglich sein, dass Dein leichtes, stilles Lächeln nicht

mehr auf Deinem Gesicht erscheint? Es ist schwer zu glauben, dass Du bei meinem Nach-Hause-Kommen nicht am Esstisch sitzt, über Deinen Apple gebeugt, konzentriert mit einer Recherche beschäftigt zu einem Thema, das gerade vorrangig für Dich war, dem neuesten Stand der medizinischen Forschung Mukoviszidose betreffend, über Transplantationen oder auch nur für Informationen über ein neues Handy oder einen Computer, die neu auf den Markt gekommen waren, über Musik oder neue Filme, während ich mich dann daranmache, Dir eine kleine Leckerei für zwischendurch zu bereiten. Du bist nun woanders, ohne dass ich mir so recht vorstellen kann, wo das sein könnte und wie es da für Dich ist. Alles, was ich weiß, ist, dass Dir die Bürde der Körperlichkeit genommen ist.

Die Trauer um Dich überfällt mich oft hinterrücks. Plötzlich ist sie da und umklammert meine Brust mit hartem Griff. „Es ist meine Trauer“, sage ich mir dann, „nicht seine.“ Also hat sie auch nichts mir Dir zu tun, sie betrifft allein mich. Aber das hilft mir nicht wirklich weiter in dieser schmerzhaften Situation. Nach einiger Zeit lässt der Schmerz dann von allein nach.

Die Phase der Rücksicht und des Mitgefühls der meisten Mitmenschen ist an ein Ende gekommen. Wir sollen wieder im Alltag ankommen, uns ablenken, funktionieren und so tun, als wäre nichts gewesen, sagen sie uns oder signalisieren es zumindest. Aber das geht natürlich nicht. Zumindest nicht bei mir. Dein Vater hat da keine Wahlmöglichkeit, er ist dem Stress seiner Zunft an der Universität ausgeliefert, den zu haltenden Vorlesungen und Seminaren, den Konferenzen und Sitzungen. Aber ich, ich ziehe mich zurück und lecke meine Wunden. Tabula rasa oder „Gehen Sie zurück auf Los, ziehen Sie keine Karte …“. Was ich sagen will, ist, dass ich ganz von vorne anfangen muss, nämlich bei mir. Das wurde mir gestern auf einmal klar. Ich muss bei mir und meinem Körper anfangen. Vorsorge- und Nachsorgeuntersuchungen, lange vernachlässigt, sind jetzt angesagt. Ich muss mich um mich selbst kümmern. Mich fragen, was ich tun will, wohin es mich zieht, was in mir drängt, was ich mit meinem Leben ohne Dich noch anfangen will. Ob es noch eine Lebensaufgabe für mich gibt.

Inzwischen glaube ich auch, dass ich eine Malblockade habe. Mein Mal-Zimmer ist fertig, die Utensilien liegen bereit, allein ich kann mir keine Farben vorstellen. So wie ich mich fast ausschließlich schwarz kleide, so fällt es mir schwer, mich den Farben hinzugeben. Es geht einfach nicht. Vielleicht sollte ich mir noch mehr Zeit und Ruhe gönnen. Eins ist mir noch klar geworden: Ich kann nicht an dem Aquarell weiterarbeiten, an dem ich im August aufgehört habe, als es Dir plötzlich so schlecht ging und Du ins Krankenhaus musstest. Das macht keinen Sinn, das geht einfach nicht. Ich muss ganz neu anfangen, aber wie? Im Warten auf den Neubeginn steht die Zeit still.

In Liebe,
Deine Mutter

Zurück auf Anfang – Reise nach Indien zu den Tempeln und Grotten

Erst Jahre später wurde mir die Ironie dieser Indien-Nepal-Reise bewusst. Mein Freund und ich waren zu vielen der heiligen Pilgerstätten, vor allem in Indien, gereist. Wenn möglich, drangen wir bis ins Innerste des Heiligtums vor. Oft geführt von den örtlichen Priestern, die unser reges Interesse unterstützten, manchmal gegen ein wenig Opfergeld für die Gottheit, indem sie uns zeigten, was den meisten Pilgern verborgen blieb, und erklärten, was wir verstehen wollten. Mein Freund machte Fotos und Dias und notierte sich das Wichtigste in sein Notizbuch. Die Geschichte und Gebräuche Indiens rückten uns auf diese Weise sehr nahe, das ist uns bis heute geblieben.

Ich hatte mir angewöhnt, Blüten, rote Farbe und Räucherstäbchen zu den Heiligtümern zu bringen, meine Handflächen vor dem Gesicht zusammenzuführen, die Augen zu schließen und mich kurz zu sammeln. Manchmal legte ich auch eine Kokosnuss, Bananen und Süßigkeiten ab, das wurde vom Priester gesegnet und ein Teil davon uns wieder mitgegeben zum Verzehr, das nannte sich „prasad“. Darin war der Segen des Gottes enthalten, dessen Heiligtum wir besucht hatten.

Die Atmosphäre in den Tempeln und Grotten mochte ich sehr. Es wurde laut geredet, gesungen, gebetet und Rituale abgehalten. Es schien mir, als begegne jede und jeder den Göttern in einer individuellen Haltung, die durch Demut und Hingabe geprägt war. Das hatte ich so, in dieser Art, in der römisch-katholischen Kirche meiner Kinder- und Jugendzeit nicht erlebt. Der Zwang und der Ernst aus diesen vergangenen Tagen wichen in Indien und Nepal einer Frische und Aufrichtigkeit, die meiner inzwischen erwachten Skepsis dem Glauben und der Religion gegenüber keinen Abbruch tat. Buddhismus, Hinduismus, Christentum, Islam – ich wollte nichts davon im Speziellen, aber die Essenz aus allem im Allgemeinen.

Diese Heiligtümer, Tempel, Grotten und Plätze waren und sind für viele gläubige Hindus Orte ihrer verzweifelten Bitten und Gebete. Unfruchtbare Frauen sind nicht geachtet in den Familien. Kinder zu haben bedeutet für sie so etwas wie eine Daseinsberechtigung, eine Altersversicherung, Respekt innerhalb der Familie, der Gemeinschaft. Ein Sohn oder mehrere sichern den Fortbestand der Familie, der Linie, sie bedeuten Sicherheit für die Zukunft. Sie werden dafür gebraucht, das Totenfeuer zu entzünden. Um für Söhne oder überhaupt um eine Schwangerschaft bei den Göttern zu bitten und zu beten, gibt es spezielle Tempel, die im ganzen Land verstreut sind. Ihnen werden besonders große Kräfte in der Erfüllung dieses speziellen Wunsches nachgesagt. An einigen dieser Tempel hatte auch ich meine Blüten, das rote Pulver und hier und da eine Kokosnuss abgelegt.

Wenige Monate nach dieser Indien-Nepal-Reise wurde ich schwanger. Ein Zufall? Wahrscheinlich. Aber wer kennt schon die Kräfte und Energien in den Bereichen und Sphären, die sich unserem Verstand entziehen. Dringen unsere Sehnsüchte so weit vor?

Ich hatte nicht daran gedacht, dass das Betreten dieser Tempel, das Mich-Besinnen an diesen Orten auch eine Art Beten war. Ich hatte gar nichts gedacht. Ich hatte einfach getan, was ich tat. Ich hatte mich in diesen Bereichen als Beobachterin gefühlt. Als Beobachterin einer fremden und unbekannten Welt hatte ich mich eingefühlt und irgendwie mitgemacht. Auf eine ganz intuitive, naive, direkte Art und Weise. Beobachten und Teil davon sein, ohne wirklich ein Teil davon zu sein. Denn nach jedem Besuch eines heiligen Ortes nahmen wir am nächsten oder übernächsten Tag einen Bus oder einen Zug und fuhren weiter. Auf dieser ersten Reise nach Indien und Nepal hat mich die Faszination über eine derartig andere und fremdartige Kultur über viele Diskrepanzen hinwegsehen lassen. Heute sehe ich manches differenzierter, der verklärte Blick hat sich geläutert. Jedoch haben meine Erfahrungen auf meinen Reisen und die vielen Jahre, die ich in Kathmandu gelebt habe, meine Zuneigung und Liebe zu den dort lebenden Menschen nicht aufheben können.

Woche 8 – Im Gedenken

12. November 2011

Mein lieber Sohn,
heute ist ein Samstags-Einkauf fällig. Ich sitze gerade an der Balustrade vor dem Café Dolce und lasse mich von den an mir vorbeiströmenden Menschenmassen nicht aus der Ruhe bringen. Hier, in diesem Shoppingcenter fühle ich mich Dir immer nahe. Vielleicht weil ich im letzten Jahr fast alle Einkäufe für Dich übernommen habe und im Supermarkt an Deine Vorlieben und „Eventuell-hat-er-ja-Lust-darauf-Produkte" gedacht habe. Selbst jetzt noch, mehr als acht Wochen nach Deinem Tod, kaufe ich Deine Lieblingsäpfel, Pink Lady oder Granny Smith und greife nach den Snacks für Dich, die Du so gerne gegessen hast. Wenn ich gewohnheitsmäßig bei H&M oder C&A die Männerabteilung durchstreife, denke ich oft: „Oh, das würde ihm sicher gefallen." Aber nun lasse ich die Kleidungsstücke hängen und wende mich ab.

Du sitzt nicht mehr beim Abendessen mit uns am Tisch und ich decke auch keinen Teller mehr für Dich. Zum einen glaube ich, dass Du froh bist, nicht mehr essen zu müssen, denn schließlich war dies in den letzten Wochen und Monaten eine Qual für Dich gewesen. Durch die Chemotherapie gegen den systemischen Pilzbefall war Dir der Appetit gründlich vergangen und trotzdem musstest Du Dich überwinden und alles daransetzen, Dein Gewicht wenigstens zu halten, das bereits unter 40 Kilogramm gerutscht war. Zum anderen reicht Deinem Vater und mir die brennende Kerze vor Deinem Foto vollauf, die wir jeden Abend entzünden, um Deiner zu gedenken. Du bist trotz der räumlichen Abwesenheit in unseren Herzen und in unseren Wohnräumen präsent.

Ich wünsche Dir da, wo Du jetzt bist, Ruhe und Frieden. Vielleicht spürst Du ja meine Liebe für Dich und die Deines Vaters ebenso, in Deiner Seele. Vielleicht.

In Liebe,
Deine Mutter

Woche 8 – Du fehlst uns sehr

16. November 2011

Mein lieber Sohn,
vor genau zwei Monaten bist Du gestorben. Geht es mir deshalb heute so schlecht? Oder ist es der Nebel, der auf mein Gemüt drückt? Er hängt tief über den Häusern von Wien und lässt kein Licht durch. Trotz meiner Tabletten zur Gemütsaufhellung bin ich bedrückt und lustlos. Von nun an wird es in meinem Leben einen Freitag geben, an dem Du entschlafen bist, und einen 16. jeden Monat, der mich an das Geschehene erinnern wird. Als Dein Vater und ich letzte Woche an Deinem Grab standen und Dir ein Gesteck und eine neue Grabkerze hinstellten, sagte Dein Vater in die Stille hinein: „Wenn er weit genug weg ist, können wir ihn vielleicht besser hören."

Du fehlst uns sehr. Gestern musste der Rechner von Deinem Vater zur Reparatur gefahren werden und Dein Vater sagte: „Das hätte er für mich reparieren können." Es war eine kleine Sache, aber Dein Vater wollte kein Risiko eingehen. Mit Deinem iPhone kommen wir noch nicht zurecht, obwohl wir ja wissen, was für ein geniales Gerät das ist. Deine Sprachaufzeichnung ist noch darauf gespeichert, wie könnten wir sie je löschen? Ehrlich gesagt, fühle ich mich ohne Dich den ständig neuen technischen Herausforderungen unserer schnelllebigen Zeit nicht gewachsen. Mir fällt auf, dass fast alles, was ich an meinem PC beherrsche, Du mir beigebracht hast. Wie soll das nur in Zukunft werden? Klar, ich kann Deinen Vater bitten, mir zu helfen, aber er hat nicht Deine Geduld und Deine Ausdauer meiner Begriffsstutzigkeit gegenüber.

Meine Liebe sende ich Dir, wo auch immer Du bist,
Deine Mutter

Ein lichter Kreis
in der Mitte des Himmels
leuchtet hinter dem Holz
Deines Grabkreuzes.

Bedeckt hält sich die Sonne in diesen Tagen,
wie auch mein Gemüt es tut.

Der Regen trommelt auf die Marmorplatten
der angrenzenden Gräber
und ich denke daran,
wie sehr Du kaltes Regenwetter hasstest.

Dort, wo Du jetzt bist,
gibt es kein Wetter, keine nasse Kälte,
keine Sorgen und Schmerzen.
Dir geht es gut in der anderen Welt.

Woche 9 – Zeit ist wie Sirup

18. November 2011

Mein lieber Sohn,
heute vor neun Wochen ist das Unfassbare geschehen! So kurz und doch so lang kommt mir die Zeit seither vor. Doch wie ich jeden Tag und jede Nacht so neu erlebe, hat sich auch mein Gefühl für die Zeit an sich verändert. Für mich sind die Stunden wie dickflüssiger Sirup, der den Verlust schmerzhaft durch meine Adern pumpt und immer wieder, immer wieder macht mein Verstand meinem Herzen klar: Er lebt nicht mehr, aber es geht ihm gut, da wo er jetzt ist. Wie

ein Karussell drehen sich diese Gedanken durch die endlosen Windungen meines Gehirns. An die Tatsache Deiner Abwesenheit habe ich mich längst noch nicht gewöhnt. Werde ich das jemals? Wie soll das gehen? Wie soll das sein und will ich das überhaupt?

Jeden Abend sitzen Dein Vater und ich am langen Tisch, die Kerze brennt vor Deinem Foto. Immer wieder kommt unser Gespräch ganz selbstverständlich auf Dich. Wir reden über die Pläne, die Du hattest, zum Beispiel den Krankenhaus-Krimi, dessen erste zwei Kapitel Du zu schreiben begonnen hattest, die Recherchen, die Du deswegen unternommen und mit mir besprochen hattest. Über Dein neues Mountainbike, das nun abgedeckt im Keller steht, mit dem Du zwei- oder dreimal gefahren bist. Busfahrer wolltest Du werden, sobald es Dir besser ginge, Pensionisten auf Kaffeefahrten durch die Berge Österreichs kutschieren, die Serpentinen hinauf und hinunter. Du stelltest Dir vor, dass Du das trotz Lungentransplantation schaffen würdest. Doch seit Ostern konntest Du auch nicht mehr selbst Auto fahren und als Du im Sommer durch den Pilzbefall ein Augenlicht verlorst, war auch ungewiss, ob das jemals wieder möglich sein würde.

Ich vermisse Dich, mein Sohn. Manchmal durchfährt mich eine Angst, ich könnte auch noch Deinen Vater verlieren. Dann suche ich seine Nähe, um mich zu vergewissern, dass er bei mir ist, neben mir ist. Dass wir die Erinnerung an Dich teilen, tut meiner Seele gut. Dass wir unser gemeinsames Leben vor Deiner Geburt teilten, hilft uns nun, einen neuen Weg in die Zukunft zu finden. Langsam, Schritt für Schritt. Dass wir auch darin einen Raum für Dich finden, ist nur natürlich, es geschieht von selbst.

„Der Anfang ist die Hälfte vom Ziel", dieser Spruch prangte auf der Taschenklappe einer jungen Frau, die ich heute auf der Straße sah. Wie treffend, dachte ich.

In Liebe, Deine Mutter

Woche 9 – Woher nahmst Du die Kraft?

22. November 2011

Mein lieber Sohn,
heute trafen die beiden einfühlsamen und verständnisvollen Briefe von Niels und Wau aus Kathmandu ein. Wie kommt es, dass Menschen, die Dich nur gelegentlich sahen, Dich in Deiner Zartheit und Zerbrechlichkeit wahrnahmen und nicht mit Deinem Vater und mir darüber kommunizierten? Wie kann Wau sagen, dass sie keinen Menschen kennt, der so sehr geliebt wurde wie Du? Woher nimmt sie dieses Verstehen? Aus der ihr zugesandten Trauerkarte? Den darauf abgebildeten Fotos? Dem Text? Oder aus ihrer Erinnerung an Dich aus Deinen Kindertagen in Kathmandu? Spürt eine Mutter, eine Vollblutmutter wie sie eine ist, so etwas? Ich bin tief gerührt, als ich die Briefe der beiden wieder und wieder lese. Tränen laufen mir dabei die Wangen herunter und der angestaute Schmerz bricht sich Bahn.

So wie Deinem Vater die Trauer im Gesicht geschrieben steht, vor allem in seinen Augen, so wandere ich schweren Schrittes durch Wiens Gassen, Straßen und U-Bahn-Stationen. Ich kann nicht mehr schnell laufen, es geht einfach nicht. Es geht vieles nicht so, wie ich es vor Deinem Ableben gewohnt war. Über Dinge wie Trauer, Schmerz, Leid, Schlaflosigkeit, innere Kälte scheinen wir keine Gewalt zu haben.

Dein Vater und ich reden jeden Tag von Dir. Erzählen uns gegenseitig Episoden aus Deinem Leben und erfreuen uns an der Tatsache, dass Du unser Sohn und unser Freund in diesem Leben warst und nun unser Sohn und unser Freund in einer anderen Welt bist. Du bist jetzt unser „Ahne“ im Reich der Verstorbenen. Wir können auch jetzt noch viel von Dir lernen. Dass Du Dich Deinem Lebensende so mutig und klaglos gestellt hast, nehme ich mir zum Vorbild. Dass Du in dieser ausweglosen Situation mit der Erbkrankheit Mukoviszidose nie die Hoffnung aufgegeben hast, bis zuletzt nicht, auch das werde ich mir zum Vorbild nehmen. Dass Du noch die Kraft fandest, mich, Deine Mutter, zu trösten und zu beruhigen, als Dir vermutlich schon bewusst war, dass Dein Ende naht, ist im Nachhinein betrachtet nahezu heldenhaft.

Ob ich solche Stärke einmal in mir finde, wenn ich dem Tod gegenüberstehe, da bin ich mir nicht sicher. Woher nahmst Du diese Kräfte? Kennt man Deinen Lebensweg so gut wie ich, ist es unfassbar. Du erfüllst mich mit Stolz, wie Du es immer getan hast, obwohl Dein Vater und ich nicht mit Dir angeben konnten, wie Eltern es nun mal so gerne tun, über Hochschulabschlüsse, Karrieresprünge und sonstige Resultate. Dein Vater und ich waren stolz darauf, dass Du die Automechanikerlehre, Deinen Traumberuf, so lange ausübtest, bis Dir Dein Gesundheitszustand Weiteres verbot.

Zwei Jahre lang arbeitetest Du in der Autowerkstatt am Rande der Kleinstadt, in der wir zu diesem Zeitpunkt lebten. Je nach den wechselnden Jahreszeiten Reifen wechseln und unter den Motorhauben verschiedenster Automarken nach Fehlerquellen suchen. Jeden Morgen frühstückten wir zusammen, zur Mittagspause wartete ich mit einer warmen Mahlzeit auf Dich und abends stand ausruhen an, neue Kräfte tanken, Inhalationen und Lungenreinigung.

Du warst glücklich in dieser Zeit. Deine Augen leuchteten, wenn Du mir die Geschichten von den Autos und deren Besitzern erzähltest. Mit dem dritten Lehrjahr Mechatronik stand Autolackieren auf dem Lehrprogramm. Der Besitzer der Werkstatt, in der Du arbeitetest, kannte selbstverständlich Deine Diagnose schon bei der Einstellung. Doch erst im Laufe der ersten beiden Lehrjahre war ihm klar geworden, dass Du nie die Kräfte und die Geschwindigkeit eines gesunden Mannes entwickeln würdest. Inzwischen waren regelmäßige dreiwöchige intravenöse Antibiotikatherapien im Krankenhaus notwendig geworden. Dazu kamen der

Staub und die Ausdünstungen von Lack und anderen Arbeitsmaterialien. Du musstest die Lehre abbrechen. Es war eine traurige Entscheidung. Die Arbeit mit den Kollegen an den Autos aufgeben zu müssen fiel Dir schwer. Es war dies ein Moment für Dich und uns Eltern, der deutlich markierte, dass die Einschränkungen der Krankheit unaufhaltsam voranschritten und sie damit Deinen Lebensweg bestimmte. Sie schränkte Deinen Handlungsspielraum mehr und mehr ein und es war an Dir, Dich darauf einzustellen oder Dich aufzugeben.

Danach hast Du das Fachabitur nachgeholt und Dich durchgekämpft bis zum Abschluss, trotz Krankenhausaufenthalten, Antibiotikainfusionen und immer wiederkehrenden Erkältungen. Du hast ein Studium nach unserem Umzug nach Wien in Sankt Pölten begonnen, das Du noch im ersten Semester abbrechen musstest, weil Dein Körper diese Belastungen nicht mehr tragen konnte. In den letzten Jahren Deines Lebens waren wir stolz darauf, wie Du Dein Schicksal getragen hast, als Deine Lunge mehr und mehr ihre Dienste einstellte. Du nur noch mit künstlichem Sauerstoff überleben konntest und doch nie, niemals Dich beklagt oder gehadert hast. Wie oft sagtest Du: „Ach, geht es mir gut, ich bin so glücklich, dass ich lebe“ …

Natürlich gab es Zeiten, als Du enttäuscht warst: als Du Weihnachten und Silvester letztes Jahr im Krankenhaus verbringen musstest, weil Deine Sauerstoff- und Lungenwerte so schlecht waren, dass Du unter ständiger ärztlicher Aufsicht sein musstest. Aber wir durften Dich an Weihnachten fürs festliche Abendessen für ein paar Stunden nach Hause holen und Silvester verbrachten Dein Vater und ich einfach bei Dir an Deinem Krankenbett.

Ich wünsche Dir Frieden. Mögest Du von Liebe erfüllt sein, so wie Dein Vater und ich es sind.
Deine Mutter

Die Umkehr der Zeit

Am 2. Februar 2011 begann die Kur im Rehabilitationszentrum Hochegg für unseren Sohn. Dort sollte er neue Kraft gewinnen und kleine Wanderungen in der Gruppe unternehmen. Er sollte sich an die neue Lunge gewöhnen und die neue Lunge sollte die Möglichkeit bekommen, sich in ihrem neuen Brustkorb auszubreiten. Dazu schreibt das AKH Wien einen Patientenbrief an das Reha-Zentrum in Hochegg. Hier finde ich als Diagnose angegeben: zystische Fibrose im Endstadium.

Ohne Transplantation wäre ein Leben für unseren Sohn also nicht mehr lange möglich gewesen. Es gibt daher kein Zaudern und keine „Vielleicht war die Transplantation die falsche Entscheidung"-Gedanken für uns Eltern. Zystische Fibrose im Endstadium lässt keinen Raum für Hoffnung an diesem Punkt mehr offen.

Unter Operation lese ich: 10. 01. 2011 – Bilaterale sequentielle Lungen-Transplantation an der zentralen ECMO (links: Oberlappen, rechts: Unter- und Oberlappen).

20. 01. 2011 Rethorakotomie, Adhäsiolyse – die Nachoperation wegen den Verwachsungen.

Weiter: Am 10. 01. 2011 stand ein blutgruppen- und größenkompatibles Spenderorgan zur Verfügung und wir führten eine bilaterale sequentielle Lungentransplantation durch. Der postoperative Verlauf war bis auf eine Rethorakotomie bei ... komplikationslos. Der Patient konnte am 7. postoperativen Tag auf die Normalstation verlegt werden.

Nach 28 Tagen schreibt das Rehabilitationszentrum Hochegg einen „Vorläufigen Entlassungsbericht", in dem es unter „Besonderheiten" heißt: Der h. o. Aufenthalt gestaltete sich völlig unkompliziert. Der Patient war von pulmonaler Seite immer beschwerdefrei und klinisch unauffällig.

Schmerzen im Thoraxbereich sind z. T. bewegungsabhängige Narbenschmerzen bzw. Muskelschmerzen. Die Peakflow-Werte haben kontinuierlich zugenommen und liegen nun bei 280–290. Bei diversen Therapien hat der Patient gute Fortschritte gemacht …

So weit, so gut.

Am 1. März 2011 holten wir unseren Sohn aus Hochegg ab und brachten ihn nach Hause. Nach Hause! Zurück nach Hause in sein neues Leben. Sein Zimmer zu betreten, auf seinem eigenen Bett zu liegen und dann später darin zu schlafen – welch tiefe, zufriedene Freude ihn umfing. Er hatte es geschafft! Eine Spenderlunge hatte ihm ein neues Leben geschenkt, das war kaum zu glauben und noch weniger zu begreifen.

Woche 10 – Wieder Fuß fassen

25. November 2011

Mein lieber Sohn,
Wiens fünfstöckige Hochhäuser verhüllen ihre Dächer im Nebel hier in Ottakring. Ein Nebel, der so dicht in seiner Konsistenz ist, dass man glauben könnte, ihn mit einem scharfen Messer zerteilen zu können. Heute sind es zehn Wochen her, seit Du von uns gegangen bist. Zehn lange Wochen, die mich ohne jedes Zeitgefühl im Raum stehen lassen. Noch immer keimt der pure Schmerz auf, wenn ich an Dich denke. Wenn ich Fotos von Dir betrachte, spüre ich Dein Wesen in mir, besonders Deine Freundlichkeit und Hilfsbereitschaft, Deinen Sanftmut, Deine Ruhe und

Gelassenheit – das alles liegt in jedem Blick von Dir in den Bildern, die wir von Dir haben.

Ohne Deinen Vater an Deinem Grab zu stehen, er ist auf einer Konferenz in Paris, ist schwer. Die Bilder aus Deinem Leben überwältigen mich, Dein liebes Gesicht, der offene Blick, das wohlige Gefühl, das mir Deine Anwesenheit gab. Ja, ich vermisse Dich. Trotzdem versuche ich in meinem eigenen Leben Fuß zu fassen. Ich nehme meine Arzttermine wahr, gehe mit Freunden ins Theater und nehme sogar an kleinen Abendeinladungen teil. So stärken sich allmählich die zarten Bande meiner Freundschaften in Wien, für die in den letzten Jahren nicht viel Raum war. Erst jetzt bemerke ich, wie sehr ich diese Leute mag und wie sehr sie mich mögen. Ich werde durch sie unterstützt, mehr noch, getragen.

Ich brauche viel Ruhe, Zeit des Alleinseins, des Lesens, der Entspannung. Meine Batterien laden sich nur langsam auf. Das zeigt mir, dass ich wirklich am Ende meiner Kräfte war, dass ich wirklich *alles* gegeben habe, was mir möglich war, für Dich, mein Lieber. Das ist auch gut so, sonst wäre ich nicht im Frieden mit mir selbst, und das bin ich. Das ist die richtige Basis, die einzig mögliche, auf der ich mein neues Leben aufbauen kann. Ohne Schuldgefühle, ohne Reue, ohne Vorwürfe. Ich bin mir sicher, dass Du das auch so siehst, oder? Ich werde mein neues Leben auf mich zukommen lassen und es nicht, wie so oft zuvor, zwingend gestalten. Und in dieser Zeit des Wartens, des Raumgebens werde ich schreiben und malen. Sollte es noch eine Berufung in meinem Leben geben, so will ich bereit sein! Ich weiß, dass Du willst, dass ich voranschreite und lebe, lache, genieße. Doch das braucht seine Zeit.

In Liebe, Deine Mutter

Woche 11 – Erinnerungen

2. Dezember 2011

Mein lieber Sohn,
heute sind es elf Wochen, dass Du aus der Narkose der letzten Operation nicht mehr aufgewacht bist und Dein Vater und ich die Geräte für die Herz-Lungen-Maschine abschalteten. Elf Wochen, was heißt das schon? Letzten Winter um diese Zeit ging es Dir schlecht. Ohne die Sauerstoffflasche ging gar nichts mehr, selbst mit der Flasche waren all Deine Tätigkeiten und Dein Radius aufs Minimalste beschränkt. Wir konnten auch keine Besuche mehr empfangen in unserer Wohnung, das hätte Dich zu sehr angestrengt, und keine Gäste bei uns übernachten lassen, das wäre viel zu gefährlich gewesen wegen Keimen und Viren, die sie vielleicht mitgebracht hätten und gegen die Du keine Abwehrkräfte mehr hattest.

Am Abend zünde ich Deine Kerze an und da fällt mir ein, wie Du als Jugendlicher beim Ausflug mit Deiner Klasse aus dem Gymnasium eines Tages hinter der verschlossenen Türe einer Jugendherberge in Süddeutschland Rauch unter dem Türstock aufsteigen sahst. Sofort alarmiertest Du die Feuerwehr und Deine Klassenkameraden. Während Du nach dem Herbergsvater suchtest, brachen Deine Kameraden die Türe auf und Du drängtest alle noch im Haus Anwesenden ins Freie. Wie sich später herausstellte, hatte ein Junge aus einer anderen Klasse den noch heißen Haarglätter eingeschaltet auf der Bettdecke liegen gelassen, während er auf einen Ausflug gegangen war. Für die angerückte Feuerwehr war es ein Leichtes, den Zimmerbrand zu löschen, nachdem das brennende Bettzeug mitsamt Haarglätter durchs Fenster auf den Marktplatz geworfen worden war. So kam niemand zu Schaden und Schlimmes wurde verhindert. Der Herbergsvater bedankte sich ausführlich bei Dir, der Du das

Feuer entdeckt hattest, und bei Deinen Kameraden, weil sie so beherzt eingegriffen hatten. Er schenkte Euch allen eine Dose Bier, weil er sah, dass Euch der Schreck noch in den Gliedern saß.

Die Überraschung gab es am nächsten oder übernächsten Tag. Ihr hattet in dem Tumult gar nicht bemerkt, dass Reporter und Fotografen zum Schauplatz geeilt waren. Es erschien ein Bericht in der örtlichen Tageszeitung und Ihr wurdet alle lobend hervorgehoben, denn in der engen Altstadt des mittelalterlichen Dorfes hätte ein Brand verheerende Folgen haben können. Du warst mit Dir zufrieden, als Du wieder nach Hause kamst und Deinem Vater und mir alles erzähltest, vielleicht schwang sogar Stolz in Deiner Stimme mit, doch als wir Dich lobten, sagtest Du nur: „Aber das war doch selbstverständlich."

Ruhe in Frieden,
Deine Mutter

Woche 11 – Wer denkt an Dich?

5. Dezember 2011

Mein lieber Sohn,
gestern gingen Dein Vater und ich gemeinsam zu Deinem Grab. Es war schon dunkel, kurz vor 17 Uhr. Tröstlich flackerten viele rote Kerzen auf den nahe gelegenen Gräbern und ich empfand die Atmosphäre als liebevoll, da dies bezeugte, dass andere Menschen ebenso wie Dein Vater und ich ihrer Lieben gedenken. Wir legten ein schönes Tannengesteck auf

Dein Grab und zündeten eine neue Kerze an, die wieder eine Woche lang brennen würde. Ich musste weinen, als ich vor Deinem Grab stand und Dir meine innigsten Wünsche und liebevolles Gedenken sandte, da umfing mich Dein Vater mit seinem Arm und ich fand Trost an seiner starken Schulter.

Aus dieser Wärme traten wir wenig später in die Kühle der Räume von Freunden und Bekannten. Hier wurde es mir auch den ganzen restlichen Abend nicht warm. Kein Wort fiel über Dich, keine andenkenden oder mitfühlenden Worte, nichts. Als hätte es Dich nie gegeben, als wäre es nicht erwähnenswert, dass Du nun nicht mehr mit uns am Tische sitzt. Ich wurde dumpf im Kopf und begriff lange nicht, was vor sich ging. Es ist wohl die allgemeine Angst vor dem Tod, den zu nennen und in Worte zu kleiden, die meisten Menschen unserer Gesellschaft vermeiden. Lieber unter den Teppich kehren, womit wir nicht umgehen können. So sprachen die Anwesenden über meinen und Deines Vaters Kopf hinweg über die Früchte des vergangenen Sommers, wie gut sie doch gewesen waren und was für feine Marmeladen sie daraus gekocht hatten. Es war mir unerträglich, diesem Plauderton zu folgen, mein Herz wurde schwer vor Schmerz.

Mir ist schon klar, dass die Anwesenden Deinem Vater und mir einen fröhlichen Abend bescheren wollten und nur versuchten, uns abzulenken, damit die Trauer uns eine Atempause gönnte. Doch wie soll das gehen, wenn ich jeden Augenblick und jeden Atemzug in dem Bewusstsein erlebe, dass Du nicht mehr am Leben bist? Jede Zelle meines Körpers sehnt sich nach Dir, nach Deiner Anwesenheit im Raum, und für dieses körperliche und geistige Sehnen gibt es keinen Knopf zum Ein- und Ausschalten. Ein paar Worte des Gedenkens an Dich, dass Du vermisst wirst, dass vielleicht eine Kerze irgendwo im Raum für Dich entzündet wurde, das hätte mir gefallen, das hätte meine Seele besänftigt.

Natürlich weinte ich und verdarb damit den anderen die feine Feierstimmung. Dir hätte das auch nicht gefallen, da bin ich mir sicher. Deinem Vater ging es wohl ähnlich wie mir, denn gemeinsam verließen wir das Fest so schnell wie möglich. Sollten Sie sich doch die Mäuler über mich zerreißen, das war jedenfalls besser, als in dieser lieblosen Umgebung auszuharren. Einzig Deine Großmutter sprach leise, hinter vorgehaltener Hand mit mir über Dich, dass sie oft an Dich denkt und Dich im Herzen trägt. Durch diesen frühen Abbruch der Feier blieb Deinem Vater und mir zu Hause noch genügend Zeit, unsere Zweisamkeit zu genießen. Das tat uns gut. Deine Kerze brannte neben uns.

In Liebe,
Deine Mutter

Außerhalb der Zeit

„Mukoviszidose (lat. mucus ‚Schleim' und viscidus ‚zäh, klebrig') oder zystische Fibrose (engl. cystic fibrosis, CF) ist eine genetisch bedingte, autosomal-rezessive angeborene Stoffwechselerkrankung. Bei Menschen mit dieser Erkrankung ist durch die Fehlfunktion von Chloridkanälen die Zusammensetzung aller Sekrete exokriner Drüsen verändert: Bei Gesunden werden in diesen Kanälen Chlorid-Ionen aus der Zelle transportiert, die anschließend per Osmose Wasser aus den Zellen in das umliegende Gewebe ziehen – unterbleibt dies, ist der Wassergehalt des Bronchialsekrets sowie der Sekrete der Bauchspeicheldrüse, der Leber (Galle), der inneren Geschlechtsorgane und akzessorischen Geschlechtsdrüsen sowie des Dünndarms zu niedrig und sie werden zähflüssig, wodurch es in den betroffenen Organen zu Funktionsstörungen unterschiedlicher Art kommt." So beschreibt Wikipedia die Krankheit, an der unser Sohn litt.

Im konkreten Falle unseres Sohnes waren hauptsächlich Lunge und Bauchspeicheldrüse betroffen. Die Bauchspeicheldrüse konnte mit speziellen Medikamenten unterstützt werden, die ihr das fehlende Enzym zuführten. Nach jeder Nahrungsaufnahme die entsprechende Menge des Medikamentes zur Fettaufspaltung zu schlucken war schnell zur Routine für unseren Sohn geworden und stellte keine allzu große Beeinträchtigung dar.

Die Lunge war das große Problem. Sie neigte zu Infekten, die oft in einer Lungenentzündung endeten und fast immer mit Antibiotika therapiert werden musste. Ab dem Alter von circa 13 Jahren wurden regelmäßige dreiwöchige intravenöse Antibiotikainfusionen im Krankenhaus durchgeführt. Selbst wenn kein akuter Infekt vorlag, rein präventiv.

Nach unserer Rückkehr aus Nepal hatte unser Sohn sich zu einer Kur für Mukoviszidosekinder vom Arzt überreden lassen. Von diesem Aufenthalt hatte er sich den gefürchteten Pseudomonas-Erreger mitgebracht. Dies ist einer der gefürchtesten Erreger in der Lunge bei Mukoviszidosepatienten, da ihm mit Medikamenten fast nicht beizukommen ist, ihn auszumerzen gelang uns nie mehr.

Im Alter von zweiundzwanzig Jahren stellte die Lunge ihre Tätigkeit mehr und mehr ein. Die Sauerstoffzufuhr musste ab diesem Zeitraum extern mit künstlichem Sauerstoff aus großen Flaschen, die uns ins Haus geliefert wurden, geregelt werden. Bald schon war unser Sohn nur noch mit den beiden Schläuchen in den Nasenlöchern anzutreffen. Ein Gang auf die Straße wurde zu einer extremen Belastung, ein Gang zur Toilette eine Aufgabe.

Trotzdem hat unser Sohn seine Chancen genutzt. Bis zur letzten Operation hat er gekämpft. Er hat um ein Leben gekämpft, das es ihm wert erschien. Er wollte leben. Er hatte sich für ein Leben mit „Mukoviszidose“ entschieden, mit allen Einschränkungen, die dies mit sich brachte. Unser Sohn hat uns Eltern nie einen Vorwurf gemacht, dass er mit dieser Erkrankung zu leben hatte.

Für mich war der Gedanke, dass das Zusammenspiel meiner Gene mit denen meines Mannes die Krankheit unseres Kindes erst ausgelöst hatten zu manchen Zeiten schwer zu ertragen. Mein Mann und ich waren beide zur Hälfte Träger eines mutierten Gens und hatten es nicht gewusst. Zuvor war es in der Geschichte unserer beider Herkunftsfamilien nicht in Erscheinung getreten, zumindest war es in der Vergangenheit nicht diagnostiziert worden.

War dies eine Laune der Natur? Hätte ich es ahnen müssen? Doch was hätte ich getan, wenn ich es gewusst hätte, als ich schwanger war? Hätte ich dieses Kind abgetrieben? Nein, da bin ich mir ganz sicher. Ich hatte mir dieses Kind so sehr gewünscht, dass ich mich niemals dagegen hätte entscheiden können. So kehrten meine Gedanken letztendlich immer wieder zu dem Ausgangspunkt zurück, dass alles so ist, wie es ist. Es gab keinen Punkt in der Vergangenheit, an den ich hätte zurückkehren können, um die Gegenwart zu verändern. Alles was geschehen war, war aus Liebe geschehen, und so schwer es für alle Beteiligten auch immer wieder an unterschiedlichen Punkten war, so waren Liebe und Fürsorge ebenso wie Verständnis füreinander die tragenden Pfeiler dieser Lebensgeschichte über all die Jahre hinweg.

Verschiedene Internetseiten beschreiben, dass Mukoviszidose nur dann vererbt werden kann, wenn beide Elternteile ein mutiertes Gen in sich tragen. Bei einer Befruchtung besteht zu 25 Prozent die Gefahr, dass das Kind an Mukoviszidose erkrankt, wenn die Eltern nicht erkrankt sind.

Im Rückblick erkennt man vieles deutlicher. So suchen wir Eltern in immer wiederkehrenden Gesprächen „Zeichen“ zu finden, die auf den Tod unseres Sohnes hindeuteten.

Wir führten trotz der Vorhersage des diagnosestellenden Arztes über viele Jahre hinweg ein fast normales Familienleben. Die Medikamente und Therapien hatten einen festen Platz in unserem Tagesablauf, sie waren integriert in den Alltag unseres Sohnes. Dazwischen gab es immer wieder Zeiten, in denen wir nicht an die Krankheit dachten. Unser Sohn hatte in den ersten Jahren bis zur beginnenden Pubertät einen sehr sanften Symptomverlauf mit relativ wenigen direkten Auswirkungen auf seinen Körper und den Bewegungsapparat. Wir unternahmen Ausflüge an den Wochenenden zu Wanderungen in die Berge Nepals oder fuhren nach Chitwan in den Nationalpark, um auf den Rücken von Elefanten die Tiere im Dschungel zu beobachten. Die Ferien verbrachten wir gerne am Meer oder ermöglichten unserem Sohn, seine Großeltern in Süddeutschland zu besuchen.

Wenn überhaupt, können solche Zeichen erst nach der Lungentransplantation aufgetreten sein, denn davor waren wir alle drei so voller Hoffnung auf die Erlösung durch die Spenderlunge und es schien nur eine Frage der Zeit zu sein, bis sie bereitstünde für unseren Sohn.

Können wir uns an solche Zeichen erinnern? Habe ich mich gegen derlei „Zeichen" gesperrt? Vor ein paar Tagen schrieb ich meiner Schwester in einer E-Mail: „Als Du letzten Sommer hier bei uns in Wien warst, habe ich schon geahnt, dass wir unseren Sohn vielleicht verlieren werden" … Haben wir das wirklich geahnt? Habe ich etwas geahnt? Habe ich *es* geahnt?

Ich habe jeder Ahnung, die in mir aufzukeimen sich anbahnte, meine grenzenlose Hoffnung und meinen unbändigen Kampfeswillen entgegengesetzt. Jede erkannte Ahnung hätte mir Kraft geraubt. Ich habe Vorsorge getroffen, dass alle verfügbaren Kräfte nur auf das eine Ziel gerichtet waren, das da hieß: „Er soll wieder auf die Beine kommen."

Dumpf vor Schmerz,
benebelt von Trauer,
trübe der Blick,
starr die Miene.

Hängende Schultern,
schwerer Schritt –
wohin mit mir
und wozu?

Gesenktes Haupt,
Blick nach innen
such ich das Wort,
dem Funken gleich,

der mich aus dieser Schwärze
treibt ins Licht.

Woche 12 – Immer noch unbegreiflich

9. Dezember 2011

Mein lieber Sohn,
vor zwölf Wochen, vor drei Monaten, vor einem Vierteljahr bist Du gestorben. Es kommt mir manchmal länger vor als das, und manchmal ist mir die neue Situation, Deine Abwesenheit unbegreiflich. Meistens beides zugleich. Ich lebe mein Leben und gleichzeitig eben auch nicht. Ich lebe in mir und stehe doch meist neben mir und versuche, einen Sinn hinter den Geschehnissen zu finden, wo es doch kei-

nen gibt. Wie ist das möglich, dass Menschen von uns gehen und gleichzeitig in uns weiterleben? Wie kann es sein, dass ich in all dem Schmerz dankbar bin, dass ich ihn erfahren darf? Vielleicht liegt genau hierin der Sinn verborgen? Ich darf nie! nie! niemals vergessen, egal wie schlecht es mir geht, welcher Schicksalsschlag mich auch ereilt, dass ich reich! reich! so überaus reich vom Leben beschenkt bin. Ich habe Liebe erfahren, aufrichtige Liebe, ich bin erfüllt davon. Die Liebe zu Dir, meinem Sohn, reicht weit über die Grenzen des irdischen Daseins hinaus und die Liebe zu Deinem Vater, meinem Ehemann und Gefährten ist die Basis meines Lebens und wird tiefer und reicher und größer mit jedem Tag, obwohl das eigentlich kaum möglich sein sollte.

Letztes Jahr um diese Zeit lagst Du im Krankenhaus in Lainz. Die Wochen davor konntest Du noch allein zur Toilette gehen, Zähne putzen fiel vor Schwäche oft aus, beim gelegentlichen Duschen blieb ich vor der geschlossenen Türe stehen, aus Angst Du könntest ohnmächtig werden. Bei allen anderen alltäglichen Verrichtungen brauchtest Du Hilfe. Anziehen, Schuhe binden, Essen zubereiten, ins Bett gehen. Allein die Hoffnung auf die baldige Lungentransplantation gab Dir die Kraft, das durchzustehen. Bis Ende des Jahres 2010 hattest Du drei Fehlalarme durchgemacht, drei Spenderlungen waren für Dich bereit gewesen, aber nach genaueren Untersuchungen passten sie nicht zu Dir und Deinem Körper. Auf und ab ging Dein Leben, Hoffnung wechselte sich mit Enttäuschung ab, bessere Zeiten mit schlechten, die Kräfte schwanden zusehends. Doch mit Deinem unverwechselbaren Willen hast Du auch diese Zeiten gemeistert.

Ruhe in Frieden,
Deine Mutter

Traum von der Suche

12. Dezember 2011

Es ist Sommer. Der Ort, an dem ich mich befinde, ist wie eine offene Lagerhalle unter einem Hochhaus, das auf Stelzen steht. Es könnte auch ein Hinterhof von einem riesigen Möbelhandel sein. Gitterbarrikaden, Schranken, die sich auf den Knopfdruck eines Wächters öffnen und schließen.

Ich suche dringend nach etwas, doch ich weiß nicht, was das ist. Ich komme nicht weiter mit meiner Sucherei, so ist keine Auskunft vom Wächter zu bekommen, wenn ich nicht weiß, was ich will. Ich werde zusehends ratloser, frustrierter, beklommener. Da kommt mein Sohn zu mir gelaufen, er ist im Alter von ungefähr 6 bis 8 Jahren. Er klagt über Bauchschmerzen und ich hebe sein gelbes T-Shirt hoch und erschrecke bei dem Anblick, der sich mir darbietet: Die Haut seiner Bauchdecke fällt in mehreren Falten wie ein Wasserfall herab. Sie ist schneeweiß und ich weiß sofort: Das ist ernst!

Zuerst beruhige ich meinen Sohn und überlege gleichzeitig, wie ich schnellstmöglich einen kompetenten Arzt finden kann. Der Wächter muss helfen! Er ruft auch sofort einen Arzt aus dem AKH an, unter dessen Hochhäusern wir uns befinden, wie der Wächter mich belehrt. Der Arzt kommt, während mein Sohn noch bleicher geworden ist. In der Zwischenzeit habe ich ihm ein Lager aus Pappkartons bereitet, eine Decke habe ich auch aufgetrieben. Sauberes Trinkwasser konnte ich organisieren, es ist auf dem Weg, es wird von jemandem gebracht.

Der Arzt untersucht meinen Sohn mit ernstem, gefasstem Gesicht. Doch je länger er ihn untersucht, umso stiller wird er. Dann zieht er das gelbe T-Shirt über den bleichen Bauch und blickt mir schweigend in die Augen. Da begreife ich wortlos, was los ist: Es ist *aus*, mein Sohn wird sterben. Bald. Und es gibt nichts, aber auch gar nichts, was ich noch tun kann, um ihn zu retten. Ich schließe ihn in meine Arme und halte ihn fest. Mein Sohn wird sterben. Bald schon. In meinen Armen.

Außerhalb der Zeit – Der Anruf

Das gesamte vergangene Jahr 2010 war unter dem Zeichen des erwarteten Anrufs aus dem AKH gestanden, der uns mitteilen würde, dass eine Spenderlunge bereitstünde. Aus diesem Grund hatte sich unser Sohn 24 Stunden, Tag und Nacht, bereitzuhalten. Meine eigene Mobilnummer war als zweite Möglichkeit in den Formularen des Krankenhauses aufgelistet.

Dieser Anruf kam insgesamt viermal. Die ersten drei Anrufe versetzten uns drei in einen Zustand der Alarm-Panik-Situation, wie ich sie kaum beschreiben kann. Der Anruf war gekommen! Unser Sohn war entweder aus dem Schlaf gerissen worden oder gerade aufgestanden, oder er hatte am Computer gesessen. Innerhalb weniger Minuten war die Rettung mit Blaulicht vorgefahren und hatte ihn und mich ins Krankenhaus gebracht. Die Voruntersuchungen gingen sofort los. Es musste geklärt werden, ob er bzw. sein Körper und die Spenderlunge kompatibel waren. Ob sie in der Zukunft harmonieren würden. Ob sie zueinander „passten".

Dazu wurden viele Plastikröhrchen mit seinem Blut befüllt, die nicht ohne Mühen aus seinen schwachen Venen entnommen wurden. Nach einigen Stunden traf dann die Spenderlunge mit dem Helikopter ein und nun begannen die Untersuchungen an dem Organ, danach wurde es mehrere Stunden lang mit Antibiotika gespült. So konnte der Zustand des Organs definiert werden, während unser Sohn in einem separaten Zimmer auf das Ergebnis wartete. Sobald die Untersuchungen abgeschlossen waren, kam der zuständige Arzt aufs Zimmer, bei jedem neuen Organ war es ein anderer Arzt, und eröffnete unserem Sohn, dass die Lunge nicht passte. Beim ersten Mal stimmten die Blutwerte nicht optimal überein, beim nächsten Mal war das Organ zu groß, beim dritten Anlauf wurde es als „zu schlecht“ kategorisiert. Erst beim vierten Mal passte alles.

Um 23 Uhr nachts, am Sonntag, dem 9. Januar 2011 kam der ersehnte Anruf. Diesmal fuhren mein Mann und ich unseren Sohn mit dem eigenen Auto ins AKH. Dieses Mal wollten wir es anders machen als die Male zuvor. Dieses Mal sollte es klappen. Dieses Mal sollte alles perfekt sein. Dieses Mal musste es einfach klappen!

Am nächsten Morgen wurde die Transplantation durchgeführt. Es lief alles glatt, alles nach Plan, so drückten sich die Ärzte aus. Die Operation dauerte circa acht Stunden und wie uns später gesagt wurde, brauchte unser Sohn „nicht viele“ Blutkonserven. Mein Mann rief am Nachmittag auf der Intensivstation an, dann am Abend noch einmal, „es ginge dem Patienten gut, aber er sei noch nicht über dem Berg“, so sagte man uns.

Den ganzen nächsten Tag über wurde unser Sohn im künstlichen Tiefschlaf gehalten, die Ärzte schienen den Begriff „Koma“ zu vermeiden, vielleicht um eine Differenzierung zwischen gewolltem und ungewolltem Tiefschlaf zu unterstreichen. So konnte sich die neue Lunge in ihrem neuen Brustkorb langsam entfalten.

Woche 13 – Was würde ich heute anders machen?

16. Dezember 2011

Mein lieber Sohn,
heute vor 13 Wochen bist Du von uns gegangen. Die Wochen fließen dahin und bilden keine Einheit. Jeder Tag seitdem ist anders, es geht rauf und runter und hin und her und oft kenne ich die Gründe meiner Stimmungsschwankungen, deren Beweggründe nicht. Aber inzwischen bewege ich mich etwas sicherer durch meine Umwelt, trete in kleine Dialoge mit Unbekannten am Tresen vom Bäcker oder an der Kasse in einem Supermarkt.

Gestern kam eine Weihnachtskarte von Eva, Deiner Atemtherapeutin aus dem Lainzer Krankenhaus, mit der Du Dich angefreundet hattest, mit der Post. Ich schreibe Dir den Inhalt nieder, damit Du verstehst, warum ich so gerührt über ihre Zeilen bin.

„Liebe Linda!

Nun ist es bald ein Jahr her, dass wir ihn vor Weihnachten mit Fieber aufnehmen mussten. Nie werde ich sein trauriges Gesicht vergessen. Noch weniger werde ich allerdings sein strahlendes Lächeln vergessen, als ich ihn nach der Transplantation im AKH besucht habe. Schade, dass er das gute Gefühl, wieder Luft zu bekommen, nicht länger auskosten durfte. Schade, dass Ihr heuer nicht mehr gemeinsam Weihnachten feiern könnt.

Dennoch wünsche ich ein besinnliches Fest und viel Energie und Zuversicht für das neue Jahr.

Alles Liebe, Eva“

Du hattest nie viele Freunde in Deinem Leben, aber die, die Du hattest, sind Dir auch noch nach Deinem Tode treu. Einige Deiner Jugendfreunde musstest Du bei unserem Umzug in Nepal zurücklassen, andere gingen vorher von Kathmandu weg auf Internate in ihren Heimatländern. Später in Deutschland konntest Du an vielen außerschulischen Aktivitäten nicht mehr teilnehmen, weil Du viel Zeit für Inhalationen, Krankenhaus und Therapien brauchtest. Dafür hast Du Dich zurückgezogen und nutztest die Zeit für Dich. Aber so warst Du, und Deine Devise lautete: Lieber wenig, aber immer nur das Beste vom Besten. So kam die Familie Rapp in unser Leben und nun auch Eva und Konstanze, ebenso wie manche von Deines Vaters und meinen Freunden zu den Deinen wurden.

Ach, mein lieber Sohn, manchmal frage ich mich, ob ich etwas falsch gemacht habe in unserem gemeinsamen Leben, ob ich irgendetwas anders machen würde, wenn ich dazu die Gelegenheit hätte ... Ja, ich würde Dich nicht mehr drängen, die Schule, die Ausbildung, die Fachhochschulreife und das Studium zu beenden. Ich würde Dir noch mehr Raum geben, Dich zu entdecken und zu entwickeln nach Deiner Art und Weise. Aber vielleicht waren das Lernen, die Lehre und das Studium ja genau die richtigen Erfahrungen für Dich, vielleicht verhalfen sie Dir ja zu der Reife, die Du in Deinen letzten Lebensjahren erreichtest? Aber alles andere würde ich genauso wieder machen: All meine Liebe und Fürsorge Dir geben und jeden Augenblick mit Dir genießen, leben, was das Zeug hält, wohl wissend, dass das Leben endlich ist.

Doch eines würde ich noch anders machen: Die letzte Nacht Deines Lebens – wenn ich das nur geahnt hätte! –, die würde ich an Deinem Bett verbringen, um Dir nahe zu sein und durch meine Anwesenheit Trost zu spenden. Aber vielleicht hätte Dich das auch nur in Deinem Schlaf gestört und es war gut so, wie es war?

Ich denke in Liebe an Dich,
Deine Mutter

Woche 14 – Weihnachten ohne Dich

24. Dezember 2011

Mein lieber Sohn,
als Dein Vater und ich heute an Deinem Grab standen, lief ein Tautropfen von Deinem Foto das lange, schmale Holzkreuz hinunter, gleich einer Träne. Sicher wärst Du gerne bei uns hier zu Hause, um mit uns gemeinsam zu feiern, wie wir das all die vielen Jahre bisher getan haben. Doch diesmal schmücken wir keinen Baum, dieses Jahr entzünden wir Deine Seelen-Kerze und denken an Dich.

Trotz der Kälte blieben wir lange auf dem Friedhof und beobachteten die große Schar der Krähen und Dohlen, die laut krächzend nach Nahrung auf den Gräbern suchten und auch vielleicht für den Nestbau schon allerlei sammelten. Manche Grabreihen und einzelne Gräber sahen wie Schlachtfelder aus, da die Blumenpflanzen aus ihren Plastiktöpfen herausgerupft waren und auf den Wegen verstreut lagen. Einzelne abgebrannte Grabkerzen waren entdeckelt und das Wachs herausgepickt, dabei hatten die Krähen die leeren Hülsen meterweit mit ihren Schnäbeln transportiert und sie liegen gelassen, wenn sie leer waren. Stört Dich das Gezeter der großen Vögel und ihre Emsigkeit oder nimmst Du aus der Ferne das Geschehen als das wahr, was es ist: Zeichen des Werdens, Lebens, Wirkens und Strebens unseres Daseins hier auf Erden?

Vor 14 Wochen bist Du gestorben und immer noch hadere ich mit mir, dass ich in Deiner letzten Lebensnacht nicht einfach an Deinem Bett sitzen blieb. Aber ich hatte doch nicht geahnt, dass es Deine letzte Nacht auf Erden sein sollte! Ich war noch so voller Hoffnung für Dich, so voller Hoffnung! In meiner Erinnerung mischt sich das Kind mit dem Jungen, mit dem Mann – wie hätte ich den Mann in meinen Armen wiegen können, der so zart und zerbrechlich geworden war? Ich hätte Deinen Schlaf bewachen können und hätte ich es geahnt, glaub mir, ich hätte es getan. Ich muss mich damit zufriedengeben, dass ich tat, was ich tun konnte für Dich. Ich tat es nicht aus Pflichtgefühl heraus und nicht aus Schuld. Es war die reine Liebe, die mich trieb, diese reine Liebe, die nichts erwartet, nichts befiehlt und doch – so reich beschenkt wird.

Trotz der Schwere Deines Schicksals hast Du Dein freundliches und lebensbejahendes Wesen bis zuletzt nicht verloren. Sicher, wir haben uns manchmal gestritten, vor allem in Stresssituationen, wenn die Zeit drängte und wir vielleicht einen gemeinsamen Termin hatten. Da flogen manchmal laute Worte hin und her, denn wir beide, Du und auch ich, konnten sehr impulsiv reagieren. Aber spätestens am Abend, vor dem Schlafengehen, versöhnten wir uns wieder, da uns die ruhige und ausgleichende Art Deines Vaters immer wieder auf die Sprünge half.

In den seltenen Situationen und Momenten, wo Dir Dein Lebensmut entschwand, konnten Dein Vater und ich Dir helfen und Dich innerlich wieder aufrichten. Unser Vertrauensverhältnis, das uns seit jeher verband, und die Tatsache, dass wir über unsere Sorgen und Nöte zu dritt miteinander sprachen, wurde zur Schatzkammer unserer Energien. Als ich selbst zehn Jahre vor Deinem Tod an Brustkrebs erkrankte, kam die Waage unserer Lebenskonstruktion ins Wanken. Doch ich wurde operiert und geheilt, wenn ich auch nicht mehr in meinen alten Beruf zurückgehen konnte.

Ich lernte daraufhin, mich zu regenerieren, indem ich die Malerei, die mir in meinem Beruf als Teppichdesignerin und Händlerin den Lebensunterhalt gesichert hatte, in mein neues Leben integrierte. Doch nun konnte ich mich der Malerei ohne Zweckbestimmung widmen, in den ein bis zwei Stunden täglich, die mir als Zeitfenster zur Verfügung standen. Hier konnte ich meine Gedanken und Gefühle gewoben aus Sorgen und Hoffnungen zu farbigen Bilderwelten verbinden. Hier konnte ich neue Kraft schöpfen, immer wieder aufs Neue.

Sicher haben wir uns manchmal gefragt: Warum trifft es gerade uns, warum wir, warum nicht andere? Aber letztendlich akzeptierten wir die Gegebenheiten, wir hätten ja sowieso nichts daran ändern können. Und am Ende unserer Gedanken war es immer das Wichtigste, dass wir drei zusammen waren.

Trotz des jahrelangen Wissens darum, dass Du wegen der Mukoviszidose-Erkrankung eines Tages von uns gehen würdest, konnte ich mich nicht darauf vorbereiten, was mich dann nach Deinem Tod zu überfluten drohte: dieser fürchterliche, unheimliche Abgrund der Entrissenheit, vor dem ich täglich stehe.

In Liebe,
Deine Mutter

Außerhalb der Zeit – Wird alles gut?

Schon am Mittwoch, den 12. Januar 2011, also zwei Tage nach der Transplantation, schlug unser Sohn während unseres Besuches zum ersten Mal die Augen auf. Nur kurz, trotzdem freuten wir uns riesig. Wir konnten seine Augen sehen und waren nun gewiss, dass alles gut werden würde. Darunter verstanden wir, dass die Operation gut verlaufen war und sein Körper die Spenderlunge angenommen hatte. Dass unserem Sohn dadurch ein neues Leben möglich war, indem er wieder frei atmen konnte.

Später erzählte unser Sohn, er könne sich an diesen Moment nicht erinnern. Er hatte seinen Vater und mich nicht gesehen. Ich streichelte seine Hand, dabei sprachen wir zu ihm, ganz normal, als würde er uns ganz selbstverständlich hören. Liebevoll erklärten wir ihm wieder und wieder, die Operation sei überstanden, er habe nun eine neue Lunge, eine gute Lunge, welche Freude, die OP sei gut gelaufen, ein neues Leben erwarte ihn, unseren Sohn, und sein Vater und ich seien an seiner Seite, würden ihm helfen, wo auch immer möglich. Immer wieder sagten wir diese Worte, diese Sätze, als würde die ständige Wiederholung die Realität nötigen, sich dem Gesagten zu fügen. Keine Frage, hier waren schicksalsgeprüfte, liebende Eltern am Werk, da war kein Raum für Zweifel, Widrigkeiten, Zaudern. Unsere unabdingbare Gewissheit war der Kompass unserer Hoffnung, der die Richtung vorgab. Wir wurden nicht müde, unseren Sohn zu ermutigen, ihn zu beschwören, wohin der Weg ging.

Bereits am Donnerstag, den 13. Januar 2011 war er ansprechbar. Während unseres Besuches auf der Intensivstation, eingehüllt in den blauen Schutzanzug, die Schutzhaube, die Schutzhandschuhe und den Mundschutz, brachte eine sehr extrovertierte und sicher auch erfahrene Krankenschwester unseren Sohn mit lautem Anrufen seines Namens: „Herr Tilman“, „Herr Tilman“ dazu, dass er seine schweren Augenlider hob. Die Krankenschwester nannte ihn kurioserweise beim Vornamen, setzte aber ein „Herr“ davor, vermutlich, um den Erwachsenenstatus beizubehalten. Sicher hatte sie bei der Körperpflege den zarten und dünnen Körper gesehen, der mehr einem Jugendlichen glich als dem eines gestandenen Mannes mit mehr als 26 Jahren. Zuerst öffnete er die Augen nur ein wenig, dann mehr, immer mehr, bis er schließlich seinen Vater und mich ansah. Er erkannte uns, er verstand uns, so viel wurde klar, während wir an der Seite seines Bettes standen. Der Tubus der Herz-Lungen-Maschine war entfernt worden, vier Tage nach der Transplantation. Er flüsterte uns die ersten Worte in seinem neuen Leben mit der neuen Lunge zu. „Durst“ war das erste Wort. Er hatte Durst, seit der OP hatte er nichts zu trinken bekommen, nur die intravenös verabreichte Elektrolytelösung. „Durst“ und „trinken“ waren seine ersten Worte. Wie ein Verdurstender in der Wüste verlangte ihn nach Wasser. Ein, zwei Schlucke Wasser erlaubte die Krankenschwester, mehr nicht.

Am Freitag, den 14. Januar 2011, zeigte uns unser Sohn sein erstes Lächeln. Sein schönstes Tilman-Lächeln erfüllte mein Herz. Von diesem Moment an ging es bergauf. Die Dinge bewegten sich eindeutig in die richtige Richtung! In Richtung „neues Leben“ und wir waren mittendrin.

Als wir am nächsten Tag zur Besuchszeit erschienen, trafen wir unseren Sohn im Bett sitzend an. Der Pfleger hatte ihm einen kleinen Fernseher eingeschalten. Es lief eine Sendung, die ihn interessierte, entweder Formel I oder Wok WM oder so etwas Ähnliches. Ich habe vergessen, was genau es war, denn für mich war nur wichtig, dass es ihm gut ging. Er hatte die erste Portion Apfelmus gefüttert bekommen und seinen ersten Stuhlgang in den Stuhl mit der Pfanne gehabt. Das waren enorme Fortschritte Tag für Tag. Sie gaben uns dreien Kraft und Zuversicht. Selbst die zuständigen Ärzte und die Schwestern und Pfleger (die oft ein konkreteres Verständnis für die Befindlichkeit eines Patienten zeigten) fanden diese konsequente Entwicklung ungewöhnlich schnell.

Aus der Ferne
bist Du mir nah,
aus der Distanz
erscheinst Du kristallklar.

Du wirst mir immer
Vorbild sein
und leiten mich
auf meinen Pfaden.

Durch Deinen Schutz
der Engel gleich
Du führest mich
so kann ich's wagen

zu finden Ausdruck,
Form, Gestalt und was
durch Deines Lebens-Schicksal
in mir widerhallt.

Woche 15 – Vertrauen in die Kraft der Liebe

30. Dezember 2011

Mein lieber Sohn,
nun sind es bereits 15 Wochen her, seit Du von uns gegangen bist! Fünfzehn Wochen, auch diese Zahl sagt mir nichts! Immer noch meine ich, Deine Schritte zu hören, die von Deinem Bad durchs Esszimmer führten, und ich hebe den Blick, um Deine wohlbekannte Geste des Wohlbefindens zu erhaschen: den Griff mit beiden Händen an die Jeanshose gelegt, um sie zum rechten Sitz zu adjustieren, dabei ein breites Grinsen bis über beide Backen und Du blickst mich an und sagst: „Ach, Linda, mir geht's so gut!" Wie habe ich diese Augenblicke genossen, wohl wissend, dass alles Leben, Dein Leben ganz besonders, endlich ist.

Die Sekunden, Stunden, Tage, Nächte, Wochen und Monate seit Deinem Tod habe ich allein durch das Vertrauen in die Kraft der Liebe an sich und die Gewissheit, dass Dein Vater an meiner Seite geht und ein paar wenige, gute und warmherzige Freunde mich stützen, bewältigt. Sie alle helfen mir, nicht zu versinken im Sog der Trauer um Dich.

Die Gewissheit, dass alles einen Sinn macht, wenngleich er nicht für mich zu fassen ist, nicht jetzt, vielleicht niemals, schenkt mir Ruhe, Trost und Hoffnung. So bildet sich der Raum in mir, der diese Düsternis erhellt, Tag für Tag, Nacht für Nacht ein wenig mehr. In die erhellte Leere gießt sich Licht. Sie wird zur rechten Zeit das Fundament für meinen Neuanfang bilden, darin ich erblühen, wachsen, reifen kann.

So ist am Ende dieses Jahres, in dem ich mein geliebtes Kind verlor, einen Freund, den Dritten im Bunde, ganz unerwartet, aber eben doch, ein kleines Licht am Ende des Tunnels zu sehen. Und es ist mir jetzt schon klar, dass Du aus der Ferne und aus der seligen Erinnerung heraus mir stets Antrieb, Inspiration und Vorbild sein wirst. Ich sehe

Dein liebes Lächeln, das mich auf meinen Wegen begleitet, und spüre die Wärme Deiner Liebe mich ummanteln. Dein Humor wird meine Ideen fördern und Deine Umsicht mich zu meiner inneren Quelle geleiten. Dafür danke ich Dir von Herzen. Du machst mich zu einem besseren Menschen.

In Liebe,
Deine Mutter

Woche 16 – Heilige Drei Könige

6. Jänner 2012

Mein lieber Sohn,
ein grauer, stiller Feiertag ist es. Heute sind es 16 Wochen, seit Du verstorben bist. Einhundertsechsundzwanzig Tage und Nächte ohne Deine Gegenwart und Nähe. Wie lange ist das, wenn man das Gefühl für die Zeitlichkeit verliert und keine Atempause das Vergessen erlaubt? Aber vergessen will ich ja gar nicht, ich möchte nur einen inneren Raum finden, in dem mir das Erinnern nicht die Luft abdrückt und meine Augen mit salzigem Tränenwasser füllt, die beim Herablaufen mein Gesicht erröten lassen und die Haut austrocknen. Ich will, dass ich Dich wieder in meine Arme schließen kann, ich will Dein Lächeln sehen, Deine Stimme hören. Ich will, dass Du bei uns am Abendtisch sitzt, und ich will es doch nicht. Ich weiß, mein Verstand weiß, dass es gut ist, wie es ist. Es gibt kein Zurück, es gibt niemals ein Zurück, so sehr ich das auch möchte. Du sollst frei sein, mein Sohn. Mit meinen Gedanken und Wünschen, mit

meiner Trauer und meinem Leid will ich Dich nicht halten. Ich will kein egoistisches Muttertier sein. Ich will Dich weiter aus der Ferne lieben und mich an Dich erinnern – ohne Tränen, ohne Leid. Einfach so.

So stehen Dein Vater und ich vor Deinem Grab. Es regnet in Strömen und es ist kalt. Nasskalt, so wie Du es nicht aushalten konntest. Der Himmel verhangen, hinter einer dichten, grauen Decke versteckt. An einer einzelnen Stelle im halbhohen Himmelsdach sticht eine kreisrunde Scheibe hell erleuchtet ins Auge. Sie scheint auf das hölzerne Kreuz auf Deinem Grab zu blicken. Nasskalt war schwer für Dich zu ertragen. Wie oft hast Du dich bei solchem Wetter erkältet, bei nur einem einzigen Gang auf die Straße. Wie viele Lungenentzündungen haben sich daraus entwickelt – wir haben sie längst nicht mehr gezählt. Nasskalt warst Du schutzlos ausgeliefert mit dieser von dem CF-Gendefekt belasteten Lunge. Wir haben nasskalt zu fürchten gelernt.

Doch wir haben Strategien ersonnen, vorsorglich, für den akuten Fall und zur Nachsorge. Neben den Antibiotika haben wir mit Homöopathie, Wadenwickeln gegen das Fieber, Brustwickeln gegen den Husten, Honig mit Zwiebeln versetzt gegen die Halsschmerzen gekämpft. Ayurveda, Fußmassagen, Aura-Massagen, buddhistische Rituale von einem Ringpoche vorgeschlagen, ausgeführt – letztendlich hat das alles Dir vielleicht irgendwie eine kleine Linderung, einen Zeitaufschub verschafft. Aber heilen konnte Dich das nicht. Trotzdem habe ich unermüdlich darum gekämpft, neue Ansätze gesucht, neue Heilmethoden. Zuletzt habe ich gebetet. Vielleicht haben die Bemühungen etwas gebracht und noch ein paar Jahre, Monate oder Wochen gemeinsame Zeit aus Deinem Leben geschlagen. Wer weiß das schon. Aber ich hätte auch gar nicht anders gekonnt als zu kämpfen, so wie Du auch.

Ich werde mich also daran gewöhnen, nicht mehr zu kämpfen. Ich werde also lernen loszulassen. Ohne Angst dabei zu verspüren, dass ich Dich verlieren könnte. Ich kann Dich nicht verlieren, denn ich trage Dich in mir. In meinem Herzen. Für immer.

In Liebe,
Deine Mutter

Das Zeitmaß der Trauer
aus dunklen Nächten
führt mich zu Dir.

Ich suche Schlaf und finde
nur Bilderfetzen voll
schwerer Erinnerung.

Zurücklehnend
gleiten mir
die Zügel aus der Hand.

Durchatmen,
loslassen
Du lebst nicht mehr.

Durchatmen,
loslassen
wozu noch kämpfen.

Außerhalb der Zeit – Zweites Leben

Am Sonntag, den 16. Januar 2011 gab es Spinat und Kartoffelbrei zu essen. Viel aufrechtes Sitzen stand auf dem Programm, so konnte sich die Lunge besser ausdehnen und entfalten, weniger Husten war die Folge und Tilman war am Abend müde und konnte gut schlafen.

Am Montag, den 17. Januar 2011, eine Woche nach der Transplantation, wurde unser Sohn auf die Station 20C verlegt. Die Station für Chirurgie und Thorax-Chirurgie. Wieder ein enormer Schritt in die richtige Richtung. Hier konnten wir unseren Sohn für längere Zeiten am Tag besuchen als auf der Intensivstation. Auf dieser Station begann die Physiotherapie und hier lernte er wieder allein zu essen und zu trinken. Er muss sich wie ein Baby gefühlt haben, das zuerst gefüttert werden musste und langsam, langsam eroberte er sich die einstmals gemeisterten Fähigkeiten erneut zurück. Durch den Tubus der vergangenen Tage waren seine Stimmbänder angegriffen. Die Stimme klang rau und irgendwie brüchig, als hätte er die letzten Tage und Nächte in einer verrauchten Bar mit viel Whisky und lauten Diskussionen verbracht. Wasser musste mit einem Pulver angedickt werden, damit er es trinken konnte, ohne sich zu verschlucken. Aber er war glücklich. Seine Augen strahlten vor Freude über sein zweites Leben, seine zweite Geburt.

Woche 17 – Böse Infektionen

13. Jänner 2012

Mein lieber Sohn,
die Steigerung von nasskalt erlebe ich heute, denn es ist nasskalt-stürmisch". Wind mochtest Du von Anfang Deines Lebens an nicht. Als wir Dich am Abend Deiner Geburt am 31. Dezember 1983 nach Hause brachten, Dein Vater am Steuer unseres alten, weißen VW-Käfers, ruhten wir uns zu dritt auf dem großen Matratzenbett aus, noch völlig überwältigt von Deiner sagenhaften Ankunft in unser Leben hinein. Nun waren wir also zu dritt!

Als dann kurz vor Mitternacht die ersten Feuerwerkskörper den Himmel erleuchteten, gleichsam als würde die Menschheit Deine Ankunft auf Erden begrüßen, trug Dich Dein Vater feierlich auf unseren Balkon hinaus ins Freie. Mir kam es so vor, als wollte der König den erstgeborenen Sohn seinem Volk zeigen, damit es sich mit ihm freue! Er trug Dich eng an sich gepresst und stellte Dir die Welt vor, in die Du nun hineingeboren warst, und rief Deinen Namen laut in die von Feuerwerkskörpern erhellte Nacht hinaus: Tilman Arun. Wir hatten Dich Tilman genannt in dem Moment, als Du aus meinem Schoß heraustratest, mit länglich zerbeultem Kopf nach einer langen und schweren Geburt. Dort nahm Dich Dein Vater in Empfang und er sagte: „Er lächelt und er hat die Augen geöffnet."

Mit diesem Lächeln und den großen Augen kam mir sofort der Name „Tilman" in den Sinn. Einer, der mit forschenden Augen und einem Lächeln durchs Leben ging, konnte nur ein Künstler sein. In den Wochen vor Deiner Geburt hatte ich mich fast ausschließlich mit meiner Bildweberei beschäftigt und die Lebensgeschichte von Tilman Riemenschneider, dem berühmten Bildhauer und Altarschnitzer aus dem 15. Jahrhundert, gelesen. Außerdem war Tilman ein Name, den man in Nepal und Indien leicht aussprechen können würde. Im Nepali und Hindi gab es die beiden Wörter „dil“ und „man“. „Dil“ bedeutet „Herz“ und „man“ ist von manas abgeleitet, das bedeutet Geist. Einer, der zu gleichen Teilen aus Herz und Geist besteht. Das schien uns gut zu unserem Sohn zu passen. Zu Tilman fügten wir Arun als Zweitnamen hinzu. Dies ist der größte Fluss Ostnepals, aus dem reinen Gletscherwasser des Himalayas gespeist, an dessen Ufer wir Eltern uns einst die Ehe versprachen und den Wunsch nach einem Kind in die Flusswellen sprachen. Es war der Fluss, der den Teil von Nepal mit Wasser versorgte, an den wir zu dritt zurückkehren wollten, damit mein Mann dort seine Forschung aufnehmen konnte.

Deine Großmutter hatte Dir Strickmütze und Jäckchen gestrickt, zusätzlich hatten wir Dich in warme Decken gehüllt, um Dich vor dem kalten Winterwind zu schützen. Gleich beim ersten Schritt auf den Balkon hinaus hast Du die Augen zugekniffen, die Lippen geschürzt und Dich gegen diese Unbill gestemmt. Wir sind dann schnell wieder zurück in die Wärme des Bettes geflüchtet, als wir bemerkten, dass Dir das so gar nicht gefällt. Du bist dann selig an meinem Busen eingeschlummert, da gefiel es Dir offensichtlich viel besser.

In späteren Jahren stellte sich heraus, dass Du jedes Mal, wenn Du Wind und Regen ausgesetzt warst, krank wurdest. Meistens eine Erkältung. Manchmal sogar eine Lungenentzündung, jedes Mal zumindest jedoch Husten, Schnupfen, und Fieber.

Jahre später fand ich auch die Erklärung, die mit der Krankheit in Verbindung stand. Der zähflüssige Schleim in den Bronchien führt zu chronischem Husten. Auch Lungeninfekte und wiederkehrende Lungenentzündungen sind Begleiter der Mukoviszidose. Dieser Schleim ist auch Nährboden für die verschiedensten Krankheitserreger. Die

Betroffenen leiden oft unter Infektionen mit Schimmelpilzen und in der Folge häufig an Lungeninsuffizienz. Chronischer Sauerstoffmangel und ständige Atemnot zeugen davon. Viele der Erkrankten haben außerdem sogenannte Uhrglasnägel (krankhaft veränderte Finger) und Trommelschlägelfinger (Auftreibung von Finger- und Zehenendgliedern). Bei Kindern machen sich mangelnde Gewichtszunahme und Gedeihstörungen bemerkbar.

Du bist durch all diese Stadien gegangen, bis zur fast völligen Lungeninsuffizienz. Durch die Lungentransplantation sollte Dir ein neues Leben geschenkt werden und es sah für kurze Zeit nach der Transplantation auch so aus, als würde das gelingen. Es sollte anders kommen. Vielleicht trugst Du die Aspergillose, die Infektion durch Schimmelpilze, ja schon seit Jahren in Dir, vielleicht gelangte sie durch eine der Bluttransfusionen während den langen und schwierigen Operationen in Deine Blutbahnen und erst durch die Immunsuppresiva sollte sie derart fatal zum Ausbruch kommen und Dir Dein junges Leben rauben. Wir werden es nie erfahren. Diese Gedanken gehen mir durch den Kopf, als ich vor Deinem Grab stehe. Heute vor 17 Wochen bist Du von uns gegangen. Ruhe in Frieden nun, mein lieber Sohn.

In Liebe,
Deine Mutter

Woche 18 – Kraftlos

20. Jänner 2012

Mein lieber Sohn,
vor 18 Wochen bist Du verstorben und noch immer drückt mich die Gräue der Trauer darnieder. Wenn der Schmerz zu stark wird und ich keine Kraft mehr finde, mich dagegenzustemmen, ziehe ich mich in mein Bett zurück. Dort lese ich stundenlang, tagelang, verschlinge die Bücher von Anita und Preethi Nair, von Hanns Josef Ortheil und vielen anderen. Ich schöpfe Kraft daraus, in fremde Fantasien, fremde Welten einzutauchen und mich wie auf einem fliegenden Teppich davontragen zu lassen. Meine momentane Erkältung liefert mir einen guten Grund dazu, obwohl ich keinen brauche. Dein Vater stört sich nicht daran, wenn ich den ganzen Tag im Bett liege – ich bin es, die ein schlechtes Gewissen dabei hat. Ich fühle mich so elend, dass ich nicht mal an Dein Grab gehe. Bitte verzeih mir, ich werde Dir jedoch Deine Kerze, wie jeden Abend, entzünden.

Ruhe in Frieden.

In Liebe,
Deine Mutter

Die Tage ziehn dahin, die Nächte folgen,
doch nichts vermag den Schmerz zu lindern,
der unsre Seelen hält mit festem Griff.
Wie unter Nebel wandern wir umschlungen,
der weder Farben, Licht noch Lachen
zu uns dringen lässt.

Allein die Liebe lässt uns hoffen,
dass diese Seelenpein vorübergeht,
dass wir mit unserm Sohn im Herzen
der Sonne bald entgegengehn.

Wirst sehen, Freund,
wie dankbar wir dem Leben dann entgegentreten,
da wir gekannt den größten Schatz der Welt.
Uns nährend zehren wir davon,
da Er uns reich
mit seiner Gegenwart beschenkt.

Selbst jetzt, da er von uns gegangen,
lebt die Erinnerung in unseren Herzen fort
und manchmal trifft ein Hauch von Gegenwart
auf unsre nackte Haut und macht uns lächeln.

Dann wissen wir um Ihn in fremden Zonen
und sind doch seiner Liebe immerdar gewiss.
Wir durften lieben, was uns Gott geschenkt,
und wurden ach, so süß geliebt.
Dies Wissen werden wir im Herzen tragen
auf unsern Wegen, die die Zukunft bringt.

Woche 19 – Ich verstehe Dich besser ...

27. Jänner 2012

Mein lieber Sohn,
letztes Wochenende bin ich zum ersten Mal nicht an Dein Grab gekommen, ich fühlte mich zu krank. Aber seltsam war es doch. Dein Vater radelte allein zum Ottakringer Friedhof. Für ihn war es das erste Mal, dass er allein vor Deinem Grab stand – sein „erstes Mal“, wie viele erste Male es nun auf einmal gibt!

Wenn ich mir überlege, dass Du erst vor 17 Wochen gestorben bist, bin ich doch froh, dass ich die Situation so gut meistere, wie ich es tue. Immerhin hatte meine Schwester ja kurz nach der Beerdigung meiner Verwandtschaft gegenüber ihre Bedenken zum Ausdruck gebracht, „sie hätte Angst um mich, ich könnte mir das Leben nehmen vor Kummer und Schmerz“. Welch desolaten Eindruck ich wohl auf meine Umgebung machte, kurz nach Deinem Tod? Doch ich habe stattdessen das Gefühl, die Füße auf den Boden zu bekommen, zumindest immer mal wieder ein bisschen.

Heute ist meine Halux-OP an beiden Füßen. Ich ziehe das nun durch und werde mich nicht beirren lassen. So gut wie in den letzten Tagen vor der OP ist es mir schon lange nicht mehr gegangen. Das Gefühl, langsam wieder im Leben anzukommen, ist wie eine Offenbarung. Mir ist klar, der Zustand ist fragil, doch hoffe ich, immer wieder daran andocken zu können. So liege ich nun im OP-Hemd lesend im Bett und warte darauf, zum OP-Saal geschoben zu werden. Es kann jeden Moment so weit sein. Das feine Aquarell einer weißen Apfelblüte auf der gegenüberliegenden Seite der Wand entfacht neue Ideen in mir: Die Formen, die ich seit letztem Frühjahr immer wieder zeichne, müssen sich bald verändern, weiterentwickeln. Wieso auch sollten sie starr bleiben, quasi erfrieren in ihrer einstigen Bedürftigkeit.

Warum sollten sie? Auch ich möchte aus meiner Erstarrung erwärmt erwachen.

Ich werde im Bett vor den OP-Saal 2 geschoben. Oberarzt Dr. Steinböck ist noch nicht da – ich muss also warten. Da fällt mir die Situation ein, als Dein Vater und ich Dich zur HNO-OP in die OP-Schleuse begleitet haben. Du warst als Erster im OP-Plan für diesen Tag am frühen Morgen gelistet und irgendwie hatten wir das Gefühl, Dich begleiten zu müssen, damit ja nichts dazwischenkommt. Schließlich war es der letztmögliche Termin vor dem Urlaub des HNO-Spezialisten. Und tatsächlich wurde ein Notfall hereingeschoben, eine junge Frau, der in Strömen das Blut aus der Nase lief. So konnten Dein Vater und ich bei Dir sein, Dir die Zeit mit kleinen Gesprächen verkürzen oder auch einfach nur Deine Hand halten, bis dann endlich, drei Stunden später, die Reihe an Dich ging.

In meinem Körper haben sich offensichtlich durch das Warten chemische Zusammensetzungen, Medikamenten gleich, gebildet, denn als Dr. Steinböck neben mein Bett tritt, fragt er mich: „Haben Sie schon etwas bekommen, Sie wirken so ruhig?" Nein, hatte ich nicht, aber mir war so, als ob. Ich sollte dann vom Bett heruntersteigen und wurde von Dragan, dem Assistenten von Dr. Steinböck, in den OP-Saal geführt. Die Temperatur im OP-Saal war heruntergefahren, ich begann vor Kälte zu zittern. Erst als Dragan mich mit einer Decke abdeckte, in die ein Schlauch warme Luft hineinblies, wurde mir warm und das Zittern hörte auf. Aber ich konnte nicht entspannen: Ich hörte jedes Wort, das der Arzt, Dragan und die anwesende Schwester miteinander sprachen durch meine örtliche Betäubung hindurch: dass das falsche Sägeblatt an der Säge angebracht war und das passende erst besorgt werden musste und der Absaugschlauch für das Blut defekt war und leckte und ersetzt werden musste. Immer wieder also Verzögerungen, während mein Fuß schon aufgeschnitten auf dem OP-Tisch lag. Bald war ich wieder so verspannt, das ich zu zittern begann. Da erst bemerkt Dragan, dass er vergessen hatte, mir Kopfhörer mit Musik zu verpassen. Es ist gute, alte Countrymusik, aber nun ist es zu spät, um entspannen zu können.

Nach langen zwei Stunden ist die OP vorbei und ich werde in ein Damen-Dreibettzimmer geschoben. Ungeduldig läute ich nach einer Schwester um Schmerzmittel und mein verpasstes Mittagessen. Ich muss lange warten, bis sich der Schwesternapparat in Gang setzt, um mich zu versorgen.

Nun verstehe ich erst so richtig, wie es sich für Dich immer wieder angefühlt haben mag in all den Wochen und Monaten, die Du in einem Krankenhausbett auf wechselnden Stationen im AKH lagst und nach Hilfe geklingelt hast, die erst mit Verzögerung eintraf. Es ist entwürdigend und ärgerlich, von anderen abhängig zu sein! Ich kann nichts Gutes darin erkennen. So verstecke ich mich hinter meinem historischen Roman und versuche abzutauchen. Das Handy-Geklingel und die lauten und inhaltlich immer gleichen Telefonate meiner Bettnachbarinnen sind allerdings schwer zu überhören. Obwohl mein Roman nicht gerade anspruchsvoll ist und einfache Bilder in mir hervorruft, muss ich ganze Abschnitte wieder und wieder lesen, um deren Inhalt überhaupt zu erfassen.

Dr. Steinböck erscheint nach einiger Zeit und erlaubt mir, allein auf die Toilette zu gehen und ins Bad. Mehr natürlich nicht. Nicht duschen, aber abwaschen ist möglich. Das ist eine große Erleichterung, so bleibt mir die Bettpfanne erspart. Das ist Dir leider anders ergangen, auch diese Pein hast Du erduldet. In der Nacht setzen große Schmerzen ein, aber als ich die Nachtschwester nach mehrmaligem Läuten an mein Bett bringe, verweigert sie mir irgendwelche Tabletten. Sie sagt, es wäre schon zu spät in der Nacht und außerdem hätte sie keinen Zugang zum Medikamentenschrank. Auch das eine Situation, die Du kanntest, daran erinnere ich mich gut. Was musstest Du kämpfen, um nach der schweren Aorta-Operation die Schmerzpumpe zu bekommen, mit der Du Dir eigenständig das Schmerzmedikament dosieren und verabreichen konntest. Die Ärzte hatten ihre vorgegebenen Dosierungen und Höchstgrenzen an Schmerzmitteln, die sie aus Alter, Gewicht und Art der Erkrankung errechneten. Aber das reichte bei Dir nicht aus. Vielleicht konnten sie auch das Maß des für Dich erträglichen Schmerzes nicht einschätzen oder sie hatten Angst vor eventuellen Nebenwirkungen. Jedenfalls musste der Schmerzarzt per Funk auf die Intensivstation angefordert werden, der irgendwo in einem der beiden großen Bettenhäuser des Allgemeinen Krankenhauses den Patienten Linderung verschaffen sollte.

So erlebe ich also etwas von Deiner Situation am eigenen Leib und erst jetzt kann ich sagen: Ich verstehe Dich besser und kann Dich nur bewundern, für das, was Du alles so klaglos durchlebt hast.

Du sollst mir ein Vorbild sein für die Zukunft.

In Liebe,
Deine Mutter

Der Schleier
lüftet sich zuzeiten,
dann wird mein Herz
mit einem Mal leicht,

der Sonne Strahl
erhellt mein Antlitz,
macht mich auf meinen
Weg bereit.

Du willst
dass ich mich dann erhebe,
voll Kraft und Mut
mein Künstlerherz

und weiter mich
auf meinen Weg begebe
geradewegs aus mir hinaus erhebe
und weiter wandre himmelwärts.

Woche 20 – Zu Hause ist das Paradies

3. Februar 2012

Mein lieber Sohn,
es ist nicht möglich, durch Gewalt oder aus einem getroffenen Entschluss heraus aus diesen Untiefen zu treten, in die ich seit Deinem Tod hinabgeglitten bin. Manch einer meiner

Erkenntnis tragenden Gedanken in diesem Zusammenhang ist von flüchtiger Natur. Sie streifen mein Bewusstsein wie eine Pfauenfeder und sinken im nächsten Moment bereits ins Unterbewusstsein hinab. Viele vergesse ich einfach, andere halte ich schreibend oder malend fest, wieder andere kehren wieder und wieder. Wie alte Bekannte erkenne ich sie erfreut, um sie dann ziehen zu lassen. So ergeht es mir auch mit manchen meiner zeichnerischen Formen. Mal ist es eine strengere, mal eine kokette oder schwärmerische Form, aber es ist und bleibt eine mir ureigene Form, selbst wenn ich sie bei anderen Künstlern wieder zu entdecken glaube.

Ich sitze in einem Rollstuhl im Röntgen-Warteraum und warte darauf, von einem Pfleger zurück ins Krankenzimmer gefahren zu werden. Wie oft hatte ich Dich in so einer Situation im AKH angetroffen. Manchmal wurdest auch Du im Rollstuhl zu irgendwelchen Apparaten gefahren, manchmal, wenn es Dir nicht gut ging, sogar in Deinem Bett. Wenn Du so allein wartend in diesen endlosen Fluren oder an einer zugigen Ecke abgestellt wurdest, warst Du meist in Dich versunken, mit geschlossenen Augen in Deine Decke gehüllt, so als wolltest Du Dich vom Außen abschotten. So ist das im Krankenhaus: Man wird hin- und hergeschoben, man wartet auf die Ergebnisse, lässt sich operieren und wieder untersuchen und wartet, dass es endlich gute Befunde gibt, damit man irgendwann den erlösenden Satz zu hören bekommt: Sie können nach Hause gehen!

Als Dr. Steinböck vor meinem Bett steht und mich fragt: Wann wollen Sie denn nach Hause gehen? Erwidere ich unverzüglich: Sofort! Kaum hat er seine Zustimmung gegeben, rufe ich Deinen Vater an, dass er mich holen kommt, und plötzlich habe ich es sehr eilig. Fast panisch packe ich meine wenigen Sachen zusammen, aus Angst, er könne es sich noch einmal anders überlegen, es könnte sich eine Komplikation ergeben oder, oder, oder. Befürchtungen überschlagen sich in meinem Hirn, laufen sich heiß, die Gedanken schießen kreuz und quer, mein System droht sich aufzuhängen. Schon humple ich in den Vorraum, wo sich die Schränke befinden, und reiße das Wenige heraus, das sich darin befindet. In meiner Hektik scheuche ich etwas später Deinen Vater herum, Koffer, Rollstuhl, kurze Verabschiedung der Zimmergenossinnen und gute Wünsche zur Besserung und schon treibe ich ihn in den Flur hinaus. Ich will nach Hause. Fort von hier. So ähnlich hast Du Dich auch aufgeführt, wenn ich Dich nach Hause holen kam. Auch Du warst stets von der Furcht getrieben, es könnte im letzten Moment etwas dazwischenkommen. Ich versuchte Dich stets zu beruhigen, so wie Dein Vater das nun bei mir versucht, aber ich gebe erst Ruhe, so wie Du zu Lebzeiten auch, als ich im Auto sitze, der Motor läuft und das Auto anfährt. „Ab nach Hause“, sagt Dein Vater, so wie ich es immer zu Dir sagte. Zuhause, das erscheint mir wie das Paradies, ach, was sage ich: Zu Hause *ist* das Paradies. Das hast Du auch immer wieder gesagt, mein Lieber. Aber erst jetzt verstehe ich wirklich, wie Du das meintest.

In Liebe,
Deine Mutter

Traum vom Fußballplatz

9. Februar 2012

Ich stehe vor einem Fußballplatz, der hell von allen Seiten erleuchtet ist. Es findet ein Wettbewerb statt. Viele Menschen drängen sich im Publikum. Das Fernsehen überträgt live. Die Stimmung ist laut, euphorisch. Auf einem abgetrennten Teil des Geländes ist ein Netz quer über das Feld gespannt. Auf jeder Seite des Netzes steht jeweils ein Junge. Einer der beiden ist sichtlich körperlich behindert, der andere trägt zerschlissene Kleidung, er sieht arm und jämmerlich aus, vermutlich ist er ein Bettler oder ein Waise. Die beiden sollen gegeneinander kämpfen, es geht dabei um viel, denn bei Sieg soll der behinderte Junge einen Platz in einem auf seine Behinderung spezialisierten Krankenhaus und sorgfältige, medizinische Betreuung sowie notwendige Operationen, Therapien und sonst alles Nötige erhalten – für den Bettlerjungen steht bei Sieg eine gute Ausbildung, ein Platz in einer Pflegefamilie, in der Gesellschaft und somit auch ein neues Leben bereit.

Die beiden Jungen kämpfen nun gegeneinander. Ball für Ball geht über das Netz und trifft den Korb, in den er platziert werden muss. Beide Jungen treffen jedes Mal. Sie sind punktgleich. Der Wettkampf muss wieder und wieder verlängert werden.

Im Traum denke ich über die Absurdität dieses Wettkampfes nach. Denn nur eines ist gewiss: Der Sieg des einen bedeutet die Niederlage des anderen. Was soll das für einen Sinn haben?

Gezeiten der Trauer

Niemand sucht sich seine Trauer aus. Trauer trifft uns immer unvermittelt und geht dann ihre eigenen Wege, um das Leid und den damit verbundenen Schmerz zu überwinden. Vermutlich trauert ein und dieselbe Person bei unterschiedlichen Anlässen zu unterschiedlichen Zeiten jeweils anders. Als mein Vater starb, war ich gerade erwachsen geworden. Meine Mutter wollte sich das Leben nehmen, da blieb mir keine Zeit, den Verlust des Vaters zu betrauern. Ich war die älteste Tochter und musste mich um alles kümmern. Als Mutter dann 40 Jahre später starb, wollte sie auf keinen Fall weiterleben und fastete sich in den Tod. Sie war beinahe 87 Jahre alt und hatte ihr Leben gelebt, nach ihren Vorstellungen und ihrem Willen. Meine Trauer hielt sich in Grenzen und mich betrübte die Tatsache, was wir miteinander versäumt hatten, weit mehr als das, was wir aneinander verloren.

Die Trauer um meinen einzigen Sohn ist elementar und grundsätzlich. Sie bemächtigt sich meiner und es gibt Zeiten, da bringe ich meine gesamte Kraft auf, um nicht im Schmerz des Sehnens und des Vermissens unterzugehen. Ich schreibe meinem entschlafenen Sohn Briefe, um das Zwiegespräch mit ihm fortzuführen und mich nicht von den Ereignissen und seinen Folgen fortreißen zu lassen. Beim Schreiben an ihn habe ich die Möglichkeit, unsere Art zu leben, wie sie sich nach seiner Geburt entwickelte, weiterzuleben. Miteinander im ehrlichen und offenen Austausch zu kommunizieren war unsere Lebensform. Sie bildete die Grundlage unseres Familienlebens. Diese Gespräche waren von gegenseitigem Respekt geprägt, vor allem und besonders in den letzten Jahren seines Lebens. Wenn wir etwa Bekenntnisse, Einsichten oder Geständnisse miteinander teilten und sie, Geheimnissen gleich, in künftigen Situationen dem anderen nicht vorhielten. Wir ließen einander die Würde und Achtung „anders" zu sein und teilten dieses „Anders-Sein" miteinander, empfanden genau das als Bereicherung. Wir achteten die getroffenen Entscheidungen, auch wenn wir selbst anders entschieden hätten, und halfen bei deren Durchführung.

In diesen Briefen an meinen Sohn kann ich zu meiner Haltung ihm gegenüber finden, die von Liebe geprägt ist, bis die nächste Welle des Schmerzes mich erreicht. Mit diesen Briefen passe ich mich dem Trauerprozess an, um ihn zu überwinden. Ein Plan, dessen Gelingen mir niemand, weder die Psychologin der Trauertherapie noch Freunde oder Bekannte garantieren können. Ich habe für mich den Rückzug gewählt. Teils weil ich ein introvertierter Mensch bin, teils um meine Kräfte zu schonen und besser dosieren zu können. Ich setze mich meiner Trauer aus, weil ich keine andere Wahl habe, wenn ich weiterleben möchte.

Woche 21 – Sternensohn

10. Februar 2012

Mein lieber Sohn,
trübe, kalt und grau sind diese Tage. Keine Verheißungen von Sonne und Licht. Wie schal fühlt sich meine Wirklichkeit an, so gänzlich ohne Lebendigkeit. Vor 21 Wochen bist Du gestorben, viel zu früh für mich, und doch zur rechten Zeit für Dich.

Wenn ich so zurückdenke, war diese Elternschaft eine große und wundervolle Zeit. Voller Lernlektionen für Dich, für mich und für Deinen Vater. Wir haben Dich heranwachsen gesehen, Tag für Tag, Woche für Woche, Monat für Monat. Jedes Jahr zu Deinem Geburtstag fügten wir eine weitere Kerze auf den von Deinem Vater selbst gebackenen Zitronenkuchen, der am Rand mit Gummibärchen in den verschiedensten Farben geschmückt war. Dein Vater und ich sangen das Happy-Birthday-Lied und wer immer gerade bei uns auf Besuch weilte, stimmte mit ein. Stets feierten wir am Nachmittag Dein persönliches Fest und glitten dann in die Silvesternacht hinein, mit all den Raketen und leuchtenden Feuerwerkskörpern am Himmelszelt. Wir feierten jeden Geburtstag von Dir gemeinsam, nicht ein einziges Mal waren wir getrennt.

Voller Liebe und Hinwendung, Glückserfahrung, Intensität, Todesnähe, Hoffnung und Zuversicht. Darin enthalten der fast unermüdliche Kampf um Deine Gesundheit, dann die Erhaltung Deines Lebens, am Ende ging es um Dein Überleben. Demut und Hingabe, Fürsorge und Kraft spenden erfüllten mich und ließen mich über mich hinauswachsen. Am Ende stand ich dem übergroßen Schmerz Deines Ablebens gegenüber, der Nicht-mehr-Anwesenheit eines der beiden meiner meistgeliebten Menschen auf Erden. So, wie Dein Vater und ich in all diesen vergangenen 27 Jahren, 9 Monaten und 16 Tagen Dich getragen haben, so tragen wir nun einander gegenseitig, mit Dir in unseren Herzen. Das wird sich auch niemals ändern.

Du weißt ja, dass es stets unser Anliegen war, einander zu fördern und zu unterstützen in dem, was wir im Leben tun wollten und worin wir unsere Aufgaben sahen. Wir halfen einander, die von uns selbst gesteckten Ziele zu erreichen, auch wenn wir sie selbst nicht verstanden oder sie dem jeweils anderen nicht vorrangig erschienen. Einander zu unterstützen hieß auch, dem anderen zu helfen und im Gegenzug darauf vertrauen zu können, dass einem selbst in anderen Situationen geholfen wurde, man also ebendiese Unterstützung für sich erfahren durfte. Das hat uns drei stark gemacht und bildete die Grundlage für unser eigenes, persönliches Wachstum. Gerade daraus erwächst uns nun in dieser schweren und neuen Situation die Kraft, uns weiterentwickeln zu können.

Vielleicht wird jedoch die Bürde eines Tages dem Licht weichen, das unsere Herzen erhellt, wenn die Schatten der Schmerzen Deines Verlustes von uns abrücken.

Dieser Tag wird kommen, wenn es an der Zeit ist. Wenn die lichte und reiche Erinnerung an Dich den Platz des Leides und der Trauer mehr und mehr einnimmt. Denn nichts anderes warst Du als ein lichtes Wesen, das uns mit seiner Anwesenheit beschenkt hat, indem Du uns an Deiner Reife, Weisheit und Deinem Humor teilhaben ließest.

Wenn ich Dich an einem vereinbarten Treffpunkt abholte und Dein Gesicht sich mit einem Lächeln erhellte, der erkennende Blick an mir haften blieb, bis ich zu Dir aufschloss und Du dann eine trockene Bemerkung machtest, wie etwa: „Ach, ich hätte noch Jahrzehnte hier stehen können, Hauptsache es geht jetzt nach Hause." Selbst in der Pubertät, als es Dir wichtig war, mehr Abstand von uns Eltern zu nehmen, um eigenständige Erfahrungen zu sammeln, erklärtest Du das Deinem Vater und mir in aller Ruhe. Du hättest Dir überlegt, dass Du trotz Krankheit und Einschränkungen die Erfahrung einer durchzechten Nacht machen wolltest und die Konsequenzen einen „Hangovers" kennenlernen wolltest. Ein einziger Brummschädel reichte Dir aus, um festzustellen, dass Alkohol nichts für Dich war.

Was für ein Glück wir durch Dich erfuhren! Auch nach Deinem Tod, an jedem einzigen Tag, in jeder einzigen Nacht. Du, mein *Sternensohn*.

In Liebe,
Deine Mutter

Traum vom Frühstück im Hotel

14. Februar 2012

Ich werde in ein großes, teures Hotel gerufen. Anscheinend von Herrn G., einem ehemaligen Konkurrenten in der Teppichbranche, zur Verstärkung seines Beraterteams während einer Teppichmesse. Wir sind alle im selben Hotel in einer Suite untergebracht. Ich habe meinen Sohn dabei, er ist ungefähr sechs Jahre alt. Ihm behagt die Situation überhaupt nicht. Vielleicht weil sein Vater nicht dabei ist, vielleicht wäre er auch nur lieber zu Hause. Er quengelt, ist nicht gut drauf, er macht nicht mit, passt sich der Situation nicht an. Das Hotel ist in einem sehr alten Gebäude untergebracht, einem ehemaligen Schloss. Vor Jahren wurde es renoviert, ist inzwischen aber schon wieder etwas heruntergekommen. Es gibt keine Flure in dieser Architektur, man läuft von einem Zimmer ins nächste, ähnlich wie in der Hofburg in Wien.

Mein Sohn und ich gehen zum Frühstück. Das Buffet ist thematisch in diversen, ineinander übergehenden kleineren Räumen aufgebaut. Eierspeisen im ersten Raum, Schinken, Speck und verschiedene Wurstsorten im nächsten Raum, dann Waffeln, Crêpes und Pfannkuchen, danach Gebäck und Kuchen und vieles mehr. Wir wandern durch die Räume, aber nichts spricht meinen Sohn an, er hat keinen Hunger, er will nichts essen. Ist er krank? Ist er bockig? Was soll ich tun? Meine Überredungskünste helfen nicht weiter und so lade ich meinen eigenen Teller mit Schnittchen und Häppchen voll, die er vielleicht dann am Tisch sitzend verführerisch finden könnte. Von den anderen Gästen, von Herrn G. und seinen Leuten, den Kunden, den Aufgaben und Anweisungen, den Gesprächen und Besprechungen, die um mich herum geschehen, bekomme ich rein gar nichts mit. Ich bin auf meinen Sohn fixiert.

Später gehen er und ich in ein spezielles Frühstücksrestaurant, um jemanden zu treffen. Aber darin ist es so eng, dass man sich kaum bewegen kann. Die Frühstücksangebote sind verstreut und fast versteckt aufgebaut, sodass wir in dem Gewühl kaum etwas zu essen finden. Jetzt aber hat mein Sohn Hunger und ich fühle mich gefordert, ihm etwas Leckeres zu organisieren. Endlich finden wir einen Tisch, treffen meinen Mann, seinen Vater, und lassen uns das Frühstück servieren. Alles ist gut.

Woche 22 – Auf der Suche nach einem neuen Leben

17. Februar 2012

Mein lieber Sohn,
heute vor 22 Wochen bist Du entschlafen, vor 5 ½ Monaten. Zu kurz die Zeitspanne, um sich der Endgültigkeit dieser Tatsache wirklich bewusst zu sein. Fast jede einzelne Nacht träume ich von Dir. Vergangene Nacht machten wir Urlaub an einem friedlichen, warmen Meer. Delfine spielten um unser Boot herum und luden uns mit ihrem Geschnatter zu sich ins Wasser ein. Ich hatte Getränke in einer Kühltasche mitgenommen für Dich, aber Essbares war nicht greifbar gewesen. Daher wanderten meine Gedanken immer wieder zum Thema Hunger und gelegentlich unterbreitete ich Dir den Vorschlag, doch zurück ans Ufer zu rudern, um dort etwas Köstliches zu speisen. Doch Du warst erfüllt vom Spiel mit den Delfinen, spürtest keinen Hunger. Das Glück ließ Dich erstrahlen und schien gleichzeitig auch Nahrung für Dich zu

sein. Die Delfine, es waren wohl drei an der Zahl, versuchten im Spiel unser Boot zu kentern, da sprangen wir beide freiwillig ins Wasser. Sie schnatterten in ihrer Delfinsprache und wir lachten dazu. Bald kamen sie so dicht mit ihren Flossen an uns heran, dass ich mich traute, eine zu ergreifen, und ließ mich durch das warme Wasser ziehen. Du folgtest meinem Beispiel kurz darauf. Wir lachten und wurden schier toll vor Freude. An der Flosse dieser beiden Delfine wurden wir zu einem Teil des Meeres und damit zu einem Teil der Erde, diesem fantastischen Organismus. So fühlt sich das wahrhaftige Leben an, dachte ich immer wieder. Wie schön, dieses Lachen auf Deinem Antlitz erwidert zu sehen! Wir hatten Freunde im Meer gefunden, war das nicht wahnsinnig? Aber es wunderte mich dennoch nicht wirklich: Wie oft war ich schon die Jahre zuvor mit Dir am Meer in Goa gewesen und hatte dort nach den Delfinen gerufen, rein innerlich natürlich und sehr konzentriert. Fast jedes Mal waren sie erschienen, in Sichtweite vom Ufer, draußen im Meer. Sie hatten uns ihre Flossen gezeigt und ihre Sprünge aus dem Wasser heraus hatten uns Freude bereitet.

Manchmal sitze ich dieser Tage im Café Weidinger am Gürtel. Es ist nicht weit weg von unserer Wohnung und bis dorthin schaffe ich es ganz gut humpelnderweise. Das Inventar ist stillos bei schlechter Luft und heruntergekommenen Räumen. Im Raucherbereich spielen alte Männer an Spieltischen Skat. Im Nichtraucherbereich, wo ich sitze, stehen zwei, drei Billardtische. Das Klacken der aufeinandertreffenden Kugeln bildet mein Hintergrundgeräusch. Im Geiste sehe ich Dich bei den Snooker Masters vor dem Fernseher sitzen, gemütlich ins Sofa gekuschelt und dem Geschehen auf dem Bildschirm gebannt folgend. Wie gerne setzte ich mich zu Dir, um Deine Erläuterungen und Kommentare zu hören. Das hat uns beiden Freude gemacht. Ich konnte Dich alles fragen, Du wusstest immer eine Antwort, kanntest alle Spielregeln.

Heute wurden die Fäden an den beiden OP-Wunden gezogen. Meine Güte, was hatte ich für einen Schiss davor. Dann fiel mir ein, wie oft Du in solch einer Situation warst, und immer hast Du abgewunken und gelacht, wenn ich Dich fragte, ob Du Angst davor hättest. „Ach, Linda“, sagtest Du, „das ist doch nichts, das spüre ich gar nicht.“ Ganz so war es dann doch nicht, es hat fürchterlich geziept und sehr lange gedauert. Aber ich hielt die Augen geschlossen und dachte ganz fest an Dich.

Das Spritzen von Lovenox in meine Schenkel hat nun ein Ende gefunden. Ich hätte mich sonst auch nach einem anderen Körperteil umsehen müssen, wo ich die Spritze hätte aufsetzen können, da jeder Nadeleinstich, so haarfein die Nadeln auch sind, einen großen, schwarz-blauen Flecken auf der Haut hinterließ, der als Markierung für den nächsten Einstich taugte. Langsam verblassen die ersten Stiche schon, Erinnerung an eine besondere Zeit besonderer Art. An die Zeit, als ich Dir jeden Abend mit Olivenöl Deine Narben ausstrich und Dir eine Lovenox-Spritze in Deine dünnen, knochigen Schenkel drückte. Drei lange Wochen tat ich es. Ich hätte es gerne noch länger getan, aber dann wurdest Du wieder ins Krankenhaus eingeliefert …

Nun gilt es also ein neues Leben zu finden. Ein neues Leben – was soll das sein? Und wie und wo soll das gefunden werden? Offensichtlich kann es nicht gesucht, sondern nur gefunden werden. Ein neues Leben, ohne das bisher Gewesene, Erlebte, Erfahrene kann es nicht geben. Ohne all das daraus Gelernte, ohne die Bereicherung des Gewesenen, ohne den angehäuften Reichtum der vielfältigen Erfahrungen, diese angesammelten Schätze aus den 27 Jahren, 8 Monaten und 16 Tagen mit Dir gewonnen, das alles wäre doch wohl sonst verlorene Zeit. Es wäre alles umsonst gewesen.

In Liebe,
Deine Mutter

Schickt das Mondlicht auf die Reise,
so es Dich finden kann
an fernen Gestaden.

Wenn es Dein Haar küsst,
werde ich es wissen.

Schenkt mir ein Lächeln
ihr feinhäutigen Wesen und
bettet meine Seele auf das Moos
eurer Auen und Wiesen.

Dort will ich den Schlaf finden,
der mein Herz erquickt.

Woche 23 – So viel Liebe

24. Februar 2012

Mein lieber Sohn,
seit 23 Wochen bist Du nun nicht mehr bei uns. Jeden Tag denke ich an Dich und wünsche Dir Ruhe und Frieden. Manchmal, nachts, wenn ich wach liege, spüre ich einen kühlen Hauch oder einen leisen Luftzug wie eine sich anbahnende Berührung an Schulter oder Nacken. Dann denke ich: Das bist Du! Du bist gekommen, mich zu trösten, mich zu ermuntern, das Leid der vergangenen Wochen und Monate hinter mir zu lassen und mich neu dem Leben zuzuwenden.

Das werde ich auch tun, mein Sohn. Eines Tages werde ich so weit sein.

Mit Gerhard, unserem Freund, haben Dein Vater und ich bei seinem viertägigen Besuch in Wien immer wieder von Dir gesprochen. Er berichtete uns von seinem Spaziergang mit Dir zur Donauinsel, das muss circa drei Jahre her sein. Als ihr euch auf einer Bank im Sonnenschein am Ufer der Donau niedergelassen hattet, um über Gott und die Welt zu philosophieren. Gerade über Religion, Mystik, Thesen, Antithesen, Gottesbeweise und vieles andere kann man mit Gerhard sehr gut reden. Er nimmt jede Frage und Ansichtsweise ernst und erläutert seine Ausführungen mit Geduld und Einfühlungsvermögen. Er ist ein wahrer Philosoph.

So erzählte er, wie Ihr beiden da so saßt, hättet ihr Euch unterhalten, ob es ein Leben nach dem Tod gibt oder nicht. Du hättest große Zweifel an dieser Theorie geäußert. Aber Du hättest es schließlich offen gelassen und keine Entscheidung gefunden, da Du zu bedenken gabst, „es könne weder die eine noch die andere Behauptung bewiesen werden. Es sei schließlich noch kein Mensch aus dem Jenseits zurückgekommen, um uns hiesigen Menschen davon in Kenntnis zu setzen“ ... so oder so ähnlich wäre Deine Argumentation gewesen.

Auf dem Friedhof ist der Schnee verschwunden, die Gräber sind nicht mehr weiß gepudert, die Wege frei zugänglich. Dein Vater und ich bringen Dir eine königsblaue Primel und platzieren sie in der Mitte des Blumenkorbes. Die roten Winter-Erikas werden diesen zarten Frühlingsboten hoffentlich schützen können. Dein Vater und ich stehen lange schweigend vor Deinem Grab, bis er mir seinen Arm um die Schulter legt und uns beiden die Tränen laufen. Dein Fortgang ist immer noch unfassbar für uns, aber langsam begreifen wir die Tatsache, dass Du nicht mehr bei uns bist. Bevor wir uns zum Gehen wenden, sagt Dein Vater sanft zum Grabe hin: „Ruhe sanft.“ Es schwingt so viel Liebe in diesen beiden Worten, dass es mir fast das Herz zerreißt. Noch ein Luftkuss von mir zu Dir, dann gehen wir beide, Dein Vater und ich, Hand in Hand, langsam nach Hause.

Ruhe sanft, ruhe in Frieden.

In Liebe,
Deine Mutter

Woche 24 – Tanzende Erinnerungen

2. März 2012

Mein lieber Sohn,
mein Verstand zählt die Wochen, die ohne Deine Anwesenheit verstreichen: Es sind nun 24 insgesamt. Diese Zahl setzt sich in meinen Gedanken fest, ich spule sie ab, spreche sie herunter, wenn Menschen mich danach fragen. 24 Wochen. Das ist fast die Hälfte eines Jahres. Was ist das? Eine lange Zeit? Eine kurze Zeit? Was ist Zeit? Zeit ist der Ablauf von Sekunden, Minuten, Stunden, Tagen, Wochen, Monaten, Jahren. Jeder Mensch weiß das, kennt das, aber was bedeutet das? Für mich im Moment eigentlich nichts. Ich fühle mich aus der Zeit gefallen. Ich habe keinen Beruf, keinen Job, der meine Woche in Arbeitstage und Feiertage aufteilt. In Arbeitszeiten und Freizeiten.

Auf der Schwelle zum Schlaf sehe ich manchmal diese dünnen, brüchigen Bilder von Dir in verschiedenen Phasen Deines Lebens. Und dabei schwingt immer diese Sorge in mir mit, ob ich auch wirklich gut für Dich gesorgt habe. Habe ich nichts vergessen? Habe ich auch Dich nicht vergessen? Und dann sehe ich Dein Gesicht, die großen, blauen, leuchtenden Augen, die in die Welt blicken, sie erfassen und erkennen, ohne mit der Wimper zu zucken. Diese Augen schienen mir von Anfang an, also seit Deiner Geburt, älter zu sein als Dein Körper. Erst mit den Jahren glich sich der Körper den Augen an. Du warst als Kind zu alt für Dein körperliches Alter. Es hat irgendwie nicht zusammengepasst. Ohne Deinen frühen Tod wäre irgendwann zweifellos der Zeitpunkt gekommen, wo die Entsprechung eingetreten wäre. Ganz sicher. Als Mutter gewöhnte ich mich daran, obgleich es viele Situationen gab, in denen ich als junge Frau erstaunt aufmerkte, weil ich wieder einmal etwas von Dir gelernt hatte. Ist es üblich, dass Mütter von ihren Kindern lernen? Ist das so?

Als Du Deiner Großmutter die Angst vor dem Sterben nehmen wolltest, als diese wegen einer Krebserkrankung vom Tod sprach. Du war gerade sechs oder sieben Jahre alt, aber Du hattest den Kreislauf der Natur beobachtet und die Sonnenblumen in unserem Garten blühen und verblühen und an derselben Stelle am nächsten Jahr neue erblühen gesehen. „Wir kommen alle wieder", sagtest Du zu ihr. „Auch wenn ein wenig Zeit vergeht, unser Same steckt in der Erde wie bei unseren Sonnenblumen." Oder wenn Du ein neues Lego-Technik-Paket erhieltest und geduldig nach dem beiliegenden Bauplan den Bagger mit verstellbarer Schaufel, das Feuerwehrauto oder den Rennwagen mit den versenkbaren Scheinwerfern zusammenbautest und ich längst händeringend das Zimmer verlassen hatte, weil mir das alles viel zu kompliziert und feinmotorisch zu anspruchsvoll war. Doch Du, mit Deiner Geduld und Ausdauer schafftest am Ende es immer wieder, was Du Dir vorgenommen hattest.

Auf der Schwelle zum Schlaf sammle ich Bilder, tanzende Erinnerungen an Dich. Ich sammle sie wie einen Strauß bunter Blumen. Dabei lachst Du fast immer. Laufen und Lachen.

Lachen und Laufen, beides gemeinsam. Ich habe niemals ein Kind gesehen, das so glücklich lachte. Das Herz in den Augen, die Seele frei schwebend, so schien es mir. Außer Du warst konzentriert bei der Sache. Kleine Spielzeugautos, die in langen Reihen geparkt wurden, später umgeparkt. Millimetergenau. Stundenlang. Still und versunken.

Auf Dein Bitten hin entwarf ich einen Teppich für Dich, den „Lebensbaum", in völlig unkindlichen Farben: schwarz, rot, gelb, grün. Du liebtest diesen Teppich und fortan hatten Deine Spielzeugautos Straße, Parkplatz, Garage – alles in einem. Mir war nur wichtig, dass Du während dem Spielen auf wärmendem Untergrund saßt, denn unser Haus in Kathmandu damals war mit Zement grundiert, sodass im Winter die Kälte durch Socken und Schuhe die Füße hinaufkroch. Dicke Schafwollteppiche, geknüpft, mussten her. So fing mein Teppich-Frauen-Sozial-Projekt damals an. Für Dich. Für Dich, mein Sohn.

In Liebe,
Deine Mutter

Goldene Locken
in Windeseile
berühren den Himmel.

Ein Lächeln
weltengroß
hält die Zeit an.

Meine Zeit,
unsere Zeit,
die Zeit schlechthin.

Der Augenblick umspannt eine Ewigkeit.
Es wird am Ende meine Ewigkeit sein.

Eingebrannt in mein Gedächtnis.
trage ich diese dichten Momente

als Erinnerung an das Leben
mit Dir in mir.

Woche 25 – Endgültig

9. März 2012

Mein lieber Sohn,
die Restbläue des Himmels über der Häuserzeile der Herbststraße, die meinen Blick aus dem Schlafzimmerfenster ausfüllt, zieht sich in den wenigen Momenten des Still-Daliegens in eine graue Einheitlichkeit zurück, die alsbald in Dunkelheit versinkt. Das Licht weicht zurück und gibt den Raum frei für die hereinbrechende Nacht.

Bett-Tag. Die Leere, die Deine Abwesenheit ausfüllt, bringt die Erinnerungen an gemeinsame Erlebnisse mit Dir zum Leuchten. Mein Lieber, ich mache mir Vorwürfe, in der einen oder anderen Situation nicht anders/besser reagiert zu haben – vielleicht hätte ich Dich schneller ins Krankenhaus bringen müssen, als die ersten Anzeichen einer Schwellung an Deinem Bein nach der Transplantation sichtbar wurden. Doch die Ärzte schickten uns ja wieder nach Hause, es wäre nichts, worüber man sich Sorgen machen müsse. Oder ich hätte jeden Tag bei Deinen Krankenhausaufenthalten länger an Deinem Bett sitzen müssen, über die erlaubte Besuchszeit hinaus. Aber letztendlich, so überlege ich, ist es nicht so wichtig. Wichtiges liegt in anderen Ebenen begraben, am Ende ist es die Liebe, die zählt.

25 Wochen. Mein Verstand zählt die Anzahl der Wochen wie ein Automat, doch es hat keine Bedeutung für meinen Zustand. Der Schmerz verändert sich dadurch nicht, jedenfalls kann ich keinen Unterschied zu den ersten Wochen und Monaten feststellen. Er ist immer noch da, in mir verborgen und schnellt empor in mein Herz, wann immer er will. Ich habe so wenig Kontrolle darüber, wie auch über den Tränenfluss, der sich einstellt, wann immer er ein Signal erhält. Woher kommt dieses Signal? Vom Herzen? Von der Erinnerung?

Oft geschieht es, wenn ich ein Foto von Dir ansehe, von denen wir einige in der Wohnung verteilt aufgestellt oder aufgehängt habe. Dabei freue ich mich, wenn ich Dein liebes Gesicht sehe, die klaren Augen, ein sanftes Lächeln spielt um Deine Mundwinkel. Dann wird mir klar, dass ich Dir niemals mehr in diesem Leben begegnen werde. Aus und vorbei. Auch nach 25 Wochen lässt sich diese Endgültigkeit nicht begreifen. Es war einmal. Ich hatte einmal einen Sohn. Bis vor 25 Wochen hatte ich einen Sohn. Nun ist es anders. Nun habe ich einen Ahnen. Ich habe einen spirituellen Sohn, wie meine Freundin Alaka aus Nepal es ausdrückte. Ich muss lernen, von Dir in der Vergangenheit zu reden, erst dann habe ich Deinen Tod wirklich angenommen.

Meine Trauer kommt in Schüben, das habe ich schon oft festgestellt. Meistens beginnt sie freitagabends, wenn die Aufgaben des Tages bewältigt sind und ich mit Deinem Vater am langen Esstisch aus Kirschkernholz sitze. Die große, weiße Kerze vor Deinem Foto brennt für Dich und wir wollen zu Abend essen, das bevorstehende Wochenende einläuten. Das ist der Moment, wo Deinem Vater und mir bewusst wird, dass Du nicht da bist. Dein Platz ist leer. Du solltest hier mit uns am Tisch sitzen und über dies und das mit uns plaudern. So, wie wir es all die Jahre taten.

Wir haben diese Freitagabende zu dritt regelrecht zelebriert. Oft gab es selbst gebackene Pizza von Deinem Vater oder ein anderes Deiner Lieblingsgerichte: Spaghetti bolognese, gefüllte Tortillas, Sushis oder ein kurz durchgebratenes Steak. Wir hatten einander immer viel zu erzählen, denn jeder von uns dreien hatte und hat seine ganz eigenen Interessen. Manchmal war Binu aus Nepal bei uns zu Besuch. Sie war einige Jahre älter als Du und sozusagen in unserem Haus in Kathmandu mit Dir aufgewachsen. Ihr beide wart eng miteinander verbunden, ein tiefes Verstehen und Achtung zueinander webte ein liebevolles Band zwischen Euch. Trotzdem wart Ihr kein Paar. Ihr wolltet das beide nicht, aber ihr habt Euch auf eine ganz eigene Art und Weise geliebt.

Ich habe vor 25 Wochen davon Abstand genommen, für Dich ein Extra-Gedeck aufzulegen. Es hatte sich nicht „richtig“ angefühlt. Ich wollte Dich, Deinen Geist, nicht zu Deinem Vater und mir an den Tisch zitieren. Ich wollte nicht noch mehr Zeichen setzen, die Deinen Vater und mich schmerzen würden.

Die Lücke, die Du hinterlässt, ist so deutlich zu spüren, wir müssen sie nicht unterstreichen. Unsere Wohnung ist ein einziges Zeichen, denn schließlich hast Du sie nach unseren Wünschen am Computer gezeichnet und unseren immer wieder wechselnden Ideen und Vorstellungen angepasst. Später hast du jedes einzelne unserer Möbelstücke vermessen und auf den Plänen im Computer eingetragen. So konnten wir schon vor dem eigentlichen Umzug sehen, wie später unsere neu bezogenen Zimmer aussehen würden. Die Möbelpacker waren beim Umzug auch ganz begeistert. So wussten sie, wo sie die einzelnen Kisten abzustellen hatten, die Du in der alten Wohnung mithilfe Deines Vaters beschriftet hattest.

Ich war mit unserem Auto, dem Smudo und unseren wenigen Antiquitäten aus Nepal, den Edelstein-Thangkas und der Holzstatue vom stehenden Buddha vorausgefahren, um die Kisten in Empfang zu nehmen. Natürlich schneite es bei unserem Umzug in die Herbststraße. So wie es auch bei unserem Umzug von Heidelberg in die Ungargasse geschneit hatte. Ein gutes Omen, will ich meinen.

In Liebe,
Deine Mutter

Woche 25 – Trauer ist aktiv

11. März 2012

Mein lieber Sohn,
Dein Vater und ich hatten für den Abend Gäste eingeladen. Wir hatten uns das im Vorfeld gut überlegt, der Wunsch, Alaka und ihrer Familie zu danken, war groß. Alaka hatte auf der Trauerfeier die Verse auf Sanskrit zu Deinem Abschied gesungen und sie anschließend auf Nepali vorgetragen. Damit hat sie Dir ihre Ehre erwiesen. Nun wollten wir ihr, ihrem Mann Rudra, ihrer Tochter Nandita und ihrem Sohn Dawal auf unsere Weise danken.

Der Abend wurde zum Fiasko. Als ich Alakas Familie vereint auf unserem schwarzen Sofa im Wohnzimmer sitzen sah, dieses geschlossene Familienbild in mich einsacken ließ, drückte mir der Anblick fast die Luft ab. Mein Hals war wie zugeschnürt. Ich brachte keine angemessenen Begrüßungsworte hervor, die Tränen rannen die Wangen herunter, ein Schluchzen war nur mit Mühe zu unterdrücken. Ich rettete mich fürs Erste ins Schlafzimmer und rang nach Fassung. Wir haben den Abend zwar dann noch einigermaßen hingekriegt, aber die beiden Kinder schienen etwas verunsichert und starrten immer wieder mit großen Augen zu mir herüber.

Trotzdem komme ich voran. Ich trauere, aber ich stecke in der Trauer nicht fest. Ich lasse mich darauf ein, ohne darin gefangen zu sein. Der Schmerz überwältigt mich nicht mehr, wenn ich ihn zulasse. Ich habe keine Angst mehr davor. Je mehr das Leid seine Hilflosigkeit verliert, ich meine Hilflosigkeit verliere, umso mehr gewinnt die Trauer die Oberhand. Mit der Trauer ist einfacher umzugehen, mit der Trauer kann ich arbeiten. Trauer ist aktiv. Ich kann sie transformieren, kann kreativ mit ihr umgehen. Kann darüber schreiben, kann meine Trauer in Farben und Bilder einfangen. Das geht mit Leid nicht. Leid ist rein körperlich, passiv. Meine Trauer lässt mich wachsen, reifen. Mit ihr kann ich mein Leben teilen, ich gebe ihr den Platz, den sie fordert, und finde noch genug Raum, ich selbst zu sein.

Mein lieber Sohn, mein spiritueller Sohn (wie Alaka das nennt), Du bist beim Malen immer anwesend, schließlich male ich ja in Deinem alten Zimmer, auf eine äußerst unaufdringliche Art und Weise. Selbst im Tod bewahrst Du Deine diskrete Art. Dabei wird mir wieder einmal klar, was für ein außergewöhnliches Geschenk Deine Liebe für mich bedeutet: Ich habe sie mir nicht verdient, ich habe nicht dafür gekämpft, kaufen konnte ich sie nicht – Du hast sie mir aus freien Stücken gegeben. Ohne Wenn und Aber. Du schenktest sie mir, so wie ich Dir die meine schenkte.

In Liebe,
Deine Mutter

Der Tod an sich

Ein Junge, vielleicht sechs Jahre alt, der mit wehenden Haaren und ausgebreiteten Armen über den grünen Rasen eines weitläufigen Gartens rennt. Die blonden Locken fliegen um sein lachendes Gesicht im Wettstreit mit den hellen Jauchzern. Er fliegt, er ist frei. Er weiß nicht, dass er glücklich ist. Ich sehe ihm zu, während ich in unserem Garten in Kathmandu meinen Tee in der Sonne sitzend genieße.

Vor wenigen Wochen wurde Mukoviszidose bei diesem Jungen diagnostiziert und der Chefarzt der Universitäts-Kinderklinik in Süddeutschland schätzte die zu erwartende Lebens-Rest-Zeit auf maximal weitere sechs bis acht Jahre. Während ich meinen Sohn betrachte, fühle ich diesen bittersüßen Schmerz in mir aufsteigen und ich kann und will nicht glauben, was diese Diagnose für uns alle bedeutet. In diesem Moment kann ich nur diesen lebendigen Augenblick sorgfältig in meinem Herzen bewahren, wie so viele andere Augenblicke davor und danach. Ich fülle meine Schatzkiste der Augenblicke, die meine wahren Reichtümer enthält. Diese Augenblicke der Gegenwart werden einst in der Zukunft zwar Vergangenheit sein, aber selbst dann werde ich die einstige Intensität erneut in mir aufflammen lassen können. Ich werde sie erinnern.

Ich werde diesen süßen Geruch des verschwitzten, nach Salz schmeckenden Kindernackens immer wieder riechen und schmecken können, der mich umfängt, als der Lockenschopf plötzlich zu mir herüberläuft und seinen Kopf in meinen Schoß bettet, um für einen Moment in seinem Spiel zu verschnaufen. Als ich mich lächelnd über ihn beuge und ihm das Haar aus dem Nacken streiche, um einen Kuss auf die Beuge des Haaransatzes zu drücken, erfüllt mich eine grenzenlose Dankbarkeit. Dass ich es bin, die dem Leben dieses Kindes so nahe sein darf. Dass ich die Mutter dieses Engels auf Erden bin und dass er ein Teil von mir ist, so wie ich ein Teil von ihm bin.

Nach seinem Tod erinnern sich viele Menschen, die ihn kannten, an sein Lächeln, an das Licht in seinen Augen. Das Licht, das aus einem Urvertrauen zu rühren schien, das zu beschreiben mir mit Worten nicht möglich ist. Ein Licht, das ich mir nicht erklären kann, nicht deuten und das auch nicht erlosch, als sein Vater und ich den Leichnam unseres Sohnes auf der Intensivstation des Wiener Krankenhauses zum letzten Mal sahen. Wir gaben die Anweisung, die Herz-Lungen-Maschine abzustellen, nachdem er längst für hirntot erklärt worden war. Selbst als alle Schläuche aus seinem Körper entfernt waren, gab es das Licht immer noch. Seine Augen waren nun geschlossen, aber trotzdem war da dieses Licht, das ihn wie eine Hülle umfing.

Woche 26 – Leben mit angezogener Handbremse

16. März 2012

Mein lieber Sohn,
26 Wochen. Warum? Warum nur? Warum Du? Warum wir? Diese Fragen stelle ich mir nicht mehr. Du wurdest mit der Erbkrankheit Mukoviszidose geboren. Für diese Krankheit gibt es keine Heilung, sie ist unheilbar. Ich hatte all die Jahre Deines Lebens Zeit, mich damit auseinanderzusetzen. Ich hatte auch all die Jahre Deines Lebens Zeit, mich

auf Deinen Tod vorzubereiten. Wir wussten es alle drei, dass Dein Leben eines Tages mit einem frühen Tod enden würde. Dein Vater und ich wussten, dass Du sehr wahrscheinlich vor uns sterben würdest.

Wie kann man sich auf einen frühen Tod des eigenen Kindes vorbereiten? Gibt es dazu Seminare oder Workshops? In der Theorie wussten wir drei, was auf uns zukommen würde. Eines Tages. Wann sollte dieser Tag überhaupt sein? Und wie hast Du Dich vorbereitet? Hast Du Dich vorbereitet? Ist das für Lebende möglich, sich den Tod vorzustellen? Und sollte man nicht besser leben, so lange man lebt?

Es gab viele Jahre, Monate, Wochen und Tage, an denen es Dir gut ging. An denen Außenstehende nicht einmal bemerkten, dass Du nicht irgendein x-beliebiger gesunder Junge bist, um den sich die Eltern nicht besonders sorgen müssten, außer vielleicht, ob er gute Zeugnisse von der Schule mit nach Hause bringt, ob er studieren möchte und wenn ja, welches Fach, und wenn nicht, warum nicht? Ein wenig dünn warst Du immer, nicht als Baby, aber danach. Aber selbst das könnte andere Gründe gehabt haben, es gibt genügend schlanke Jungen, die gesund sind. Und so gab es viele Jahre, Monate, Wochen und Tage, an denen wir die Krankheit, Dein Schicksal, vergessen haben. Verdrängt haben das Wissen um die drohende Endlichkeit Deines jungen Lebens, an den Rand des Bewusstseins und noch ein kleines Stück weiter, über den Rand hinaus, außer Sichtweite sozusagen, um dem Glück den vollen Raum zu bieten. Man kann nicht immerzu an den Tod denken, wenn man leben will.

Seit wir Dir im Alter von sechs Jahren erklärt hatten, warum und wozu Du diese Tabletten ab jetzt für den Rest Deines Lebens nach jeder auch noch so kleinen Mahlzeit einnehmen musstest, seitdem wusstest Du von Deiner Krankheit. Immer wieder in der kommenden Zeit sprachen wir darüber, sammelten Fakten über die Krankheit, über den aktuellen Stand der Forschung, über neue Therapiemöglichkeiten. Die

Entscheidung über Dein weiteres Vorgehen hast du irgendwann in der Pubertät übernommen, damit wurden Dein Vater und ich zu Deinen Ratgebern und Helfern.

Du wolltest leben. Mit jeder Faser wolltest Du leben und Dein Vater und ich wollten Dich leben sehen. Ein „normales“ Leben wolltest Du leben, Du wolltest behandelt werden wie jedes andere, gesunde Kind auch. Daher wolltest Du auch nicht, dass Dein Vater oder ich Freunden und Bekannten sagten, dass Du Mukoviszidose hast, noch nicht einmal Deine Lehrer sollten es wissen. Du selbst redetest, außer zu Deinem Vater und mir, fast gar nicht darüber. Jedenfalls kann ich mich nicht daran erinnern.

Dass Du nach jeder Mahlzeit Medikamente nehmen musstest, um die Speisen und die darin enthaltenen Fette aufspalten und verdauen zu können, war für Dich Routine. Eine Routine, die Uneingeweihte nicht mitbekamen. Es geschah so schnell, zwei Tabletten Panzytrat, später Kreon, aus der Hosentasche genommen, in den Mund geworfen und mit einem Schluck Wasser hinuntergespült, schon war die Sache erledigt. Diese Routine hättest Du gerne vergessen. Oft genug hast Du vergessen, die Tabletten mit Dir mitzuführen. Ich lernte, ein unauffälliges Auge darauf zu haben. Ebenso wie ich lernte, immer ein paar Nüsse oder einen Riegel in der Tasche für Dich zu haben, falls Hunger aufkam, damit Dein Blutzucker nicht abstürzte.

Du lerntest, mit Deinen Beschränkungen zu leben. Es war Dein Leben. Du trafst die Entscheidungen, die Dich betrafen. Das hattest Du Dir bereits in der Schulzeit ausbedungen. Ob Du Sport in der Schule mitmachtest oder nicht, es war Deine Entscheidung. Die Dich behandelnden Ärzte hatten für die Schule ein Schreiben angefertigt, das Dir diese Wahlfreiheit gab. Ob Du auf den Schulausflug gingst oder nicht, es war Deine Entscheidung.

Es war Dein Leben. Du kanntest es nicht anders. Eine schwache Lunge, so formulierten es die Ärzte zu Anfang.

Kurzatmigkeit, Husten, Husten, Husten. Eine große Affinität zu Lungenentzündungen. Regelmäßige Krankenhausaufenthalte und ärztliche Kontrollen. Manchmal war Dir das lästig, aber es war lebbar. Du hattest Glück im Unglück. Du konntest so viele Jahre erleben, wenn auch „mit angezogener Handbremse", wie Du es nanntest. Ein Leben mit angezogener Handbremse. Das ist immer noch besser als keines, dachte ich dann.

Erst die letzten zwei, drei Jahre Deines Lebens waren schwierig. Wurden immer schwieriger. Schwer zu leben. Schwer auszuhalten. Als Du von der Sauerstoffzufuhr aus Flaschen mit Schläuchen in die Nase abhängig warst. Jetzt wurde die Wohnung fast zum ständigen Aufenthaltsort für Dich, denn die tragbare Sauerstoffflasche hatte nur eine Kapazität, die für zwei Stunden ausreichte. Oft warst Du auch einfach körperlich zu schwach und saßest auf einem ausreichend ausgepolsterten Sessel und das Warten auf die rettende Spenderlunge wollte kein Ende nehmen.

Dein letztes Lebensjahr muss fast qualvoll für Dich gewesen sein. Aber Du hast Dich nie beklagt. Du hattest diesen großen Lebenswillen, der Dich durch diese schweren Zeiten trug. Es ist kaum vorstellbar und doch war es so. Ich habe es ja erlebt. Du warst so glücklich darüber und einfach froh, am Leben zu sein. Bis zuletzt.

Dein Vater und ich waren heute Nachmittag an Deinem Grab. Jedes Mal, wenn wir dort unter der Föhre nebeneinander vor dem Holzkreuz stehen, an dem wir Dein Foto festgepinnt haben, kommt dieser Moment der Stille über uns. Zuerst schauen wir nach dem Grabschmuck, brennt die Kerze noch? Wir zupfen die braunen, vertrockneten Fichtennadeln aus dem runden Weidenkorb mit den wechselnden Topfpflanzen. Die Fichte thront über Deinem Grab und schützt es vor Wind und Wetter. Sie spendet mit ihren ausladenden Zweigen Schatten, das wird im Sommer sicher von Vorteil sein. Während wir so still nebeneinanderstehen, verändert sich die Atmosphäre um uns herum. Oftmals zeigen sich ein paar vereinzelte Sonnenstrahlen hinter der grauen Wolkendecke und blinzeln uns durch das Geäst freundlich zu. Ich denke an Dich, Dein Vater denkt an Dich. Du fehlst uns beiden gleichermaßen.

Meine Gedanken gehen ihre eigenen Wege: „Das ist es also, was von einem teuren Menschenleben am Ende übrig bleibt: ein schmales Stückchen Erde, auf dem ein Holzkreuz mit Namen und Daten des Verstorbenen steckt. Ein paar Blumen, eine Kerze. Und in der Tiefe darunter verborgen, eine smaragdgrüne Urne, die die Asche enthält. Die Asche, die einst von Leben beseelt war. Ein Leben, aus dem Samen der Liebe geboren, hinterlässt an seinem Ende eine Handvoll Asche. Mehr ist das nicht, was übrig bleibt. Welchen Sinn macht das? Macht das überhaupt Sinn?" Ich verstehe es immer noch nicht. Ich finde den Sinn dahinter nicht. Ich kann ihn nicht erkennen.

Die Gedanken Deines Vaters in diesem Moment kenne ich nicht, aber er umfängt mich irgendwann mit seinem rechten Arm und zieht mich an sich. Ich weine an seiner Schulter und finde Trost. Manchmal weint er auch. Wir weinen gemeinsam. Wir weinen um unseren Sohn, um Dich. So wie heute. Der Wind fährt durch die Föhre, die Krähen streiten wieder einmal lauthals im Hintergrund. Ich höre mich, wie ich zu Deinem Vater sage: „Man merkt erst *wirklich*, was ein Mensch für ein Mensch war und was er einem bedeutet, wenn er tot ist. Man merkt es erst, wenn man in den Abgrund blickt, den sein Entschwinden gerissen hat. Vorher kann man es noch nicht einmal erahnen. Welcher Mensch könnte sich schon solch dunkle Tiefen vorstellen?"

So bleiben wir noch eine Weile in Ruhe vor Deinem Grab stehen, es beginnt zu nieseln und wie sonst auch, hauche ich Dir beim Gehen einen Luftkuss zu Deinem Foto hin, ich sammle mich und bin bei Dir, dann drehen wir uns um und gehen schweigend in unser Leben zurück.

In Liebe,
Deine Mutter

Woche 27 – Ich lebe noch

23. März 2012

Mein lieber Sohn,
vor meinem Fenster ist Frühling. Die ersten zarten Blüten zeigen sich, doch die Bäume halten ihr Blätterwerk noch versteckt, sie bereiten sich im Verborgenen auf ihr Erblühen vor.

Anfang März vor einem Jahr bist Du von der Reha zurückgekommen. Dein Vater und ich hatten Dich nach Hause in Dein neues Leben geholt. In diesen Tagen wuchs in Dir der Wunsch nach einer eigenen Wohnung. Zum ersten Mal seit vielen Jahren hattest Du genug Luft zum Atmen zur Verfügung, Deine Lebenskräfte kehrten zurück und damit die Aussicht, Dir ein eigenes Leben zu gestalten. Eine eigene Wohnung bedeutete den ersten Schritt zur Selbstständigkeit, und das war ja auch ein Wunsch, den Du schon seit längerer Zeit hegtest und der immer wieder in die Zukunft verschoben werden musste. Nach der Transplantation, sagtest Du dann.

Es war sehr früh nach der überstandenen, schweren Lungentransplantation, aber schließlich überzeugtest Du mich. Die Suche begann. Bald entdeckte ich im Internet die Wohnung in der Wilhelminenstraße. Eine helle, sonnige

Einzimmerwohnung mit Lift. Sie hatte eine kleine Küche, ein großes Bad, Vorraum und Stauraum. Deine Entscheidung dafür hast Du noch vor Ort beim ersten Besichtigungstermin gefällt. Es war eine Wohnung, die genau Deinen Wünschen und Vorstellungen entsprach. Danach warst Du drei Tage krank. Erschöpft. Vielleicht war der ganze Trubel mit den Besichtigungsterminen doch zu anstrengend gewesen.

Am 24. März 2011 fuhren Dein Vater und Du mit den Fahrrädern in den ersten Bezirk Wiens, um den Mietvertrag zu unterschreiben. Gleichzeitig war es auch die erste Fahrt mit Deinem neuen Mountainbike von Cube, ein brandneues, gerade erst auf den Markt gekommenes Modell, auf das Du einige Jahre lang gespart hattest. Das angesparte Gehalt aus Deiner Mechatroniklehre hast Du dazu verwendet, ebenso wie das Taschengeld von vielen Wochen. Vor der Transplantation sagtest Du: „Wenn ich die Operation hinter mich gebracht habe und alles gut überstanden ist, dann kaufe ich mir ein supertolles Mountainbike." Das „Reaction"-Bike von Cube ist ein supertolles Rad und wunderschön anzusehen. Ganz in Schwarz gehalten, reduziertes Design, klare Linien, schmale grüne Streifen auf dem Rahmen sowie vereinzelte kleine Flächen unter dem Sattel, am Gangschutz und im Vorderrad in Grasgrün. Das Bike passte zu Dir, es war wie für Dich gemacht. Du warst so stolz und glücklich an diesem Tag, Deine erste eigene Wohnung und die erste Fahrt auf Deinem neuen Fahrrad … Letztendlich hast Du nur wenige Tage in Deiner eigenen Wohnung zugebracht. Drei, um genau zu sein, und auch nur einige Fahrten auf Deinem neuen Mountainbike erlebt. Trotzdem bin ich froh, dass Du diese Erfahrungen noch vor Deinem Tod machen konntest und sie Dir so viel Freude brachten.

Am Abend entzünde ich die Kerze vor Deinem Foto. Vor 27 Wochen bist Du entschlafen. Eine Redewendung besagt: Besondere Umstände erfordern besondere Maßnahmen. Ist trauern eine besondere Maßnahme? Treffe ich Maßnahmen, um zu trauern? Ein geschützter Rahmen, unsere Wohnung, mein Zimmer, ist so eine Maßnahme. Ich ziehe die Innenräume jederzeit dem Außenraum, der Öffentlichkeit vor. Ungeschützte Rahmenbedingungen bedeuten unvorhergesehene Verhaltensweisen. Ich komme mir irgendwie verrückt vor, wenn ich in einem Café sitzend zu weinen beginne. In meinem Zimmer spielt das keine Rolle. Im Gegenteil, es hilft mir sogar bei der Verarbeitung meiner Gedanken.

Mein Rückzug vor den Menschen ist auch so eine besondere Maßnahme. Ebenso wie die Entscheidung für wiederum andere Menschen, mich mit ihnen zu umgeben. Klingt doch ganz schön kompliziert, oder? Aber die gut gemeinten Ratschläge, ich solle mich von meiner Trauer ablenken und ins Theater, Konzert, Ausstellungen oder einfach nur shoppen gehen, kann ich nicht ertragen. Denn Ablenkung ist das Letzte, was ich will. Ich will mich der Trauer stellen und sie durchleben. Manchmal frage ich mich, was meine Kriterien sind. Außer Verständnis für die Trauer, die mich erfüllt, müssen sie menschliche Wärme aufbringen. Sie müssen mich „aushalten“ können, meine Tränen ebenso wie mein Schweigen. Ohne mir das Gefühl zu vermitteln, ich wäre schwach oder minderwertig, weil ich mir in manchen Momenten selbst leid tue. Ich tue mir dann leid, weil es mir leidtut, dass Du nicht mehr lebst. Weil es mir leidtut, dass ich nicht mehr mit Dir reden kann. Keinen einzigen Satz werde ich in diesem Leben mehr zu Dir sagen können, auf den Du antwortest. Das tut mir verdammt leid. Dieses Wissen auszuhalten ist eine enorme geistige und emotionale Anstrengung. Diese Endgültigkeit, ohne den Schleier des sich Gut-Zuredens darüber zu legen. So wie man zu Kindern sagt: Er ist jetzt im Himmel und schaut von oben auf uns herab.

Diese Menschen müssen auch bereit sein, ein paar Augenblicke später, mit einem weiteren in Worte gefassten Gedanken den Weg aus dem Trauern heraus mit mir zu gehen. Ohne Wenn und Aber eine neue Ebene betreten, quasi parallel. Denn auch das ist wahr: Ich bin nicht nur „in Trauer“, denn auch das ist wahr: Ich lebe noch. Auch das muss man aushalten können, dass das Leben weitergeht.

Tatsächlich geht auch mein Leben weiter. Ich lebe mit Deinem Vater in einer Welt, in der Du nicht mehr bei uns am Esstisch sitzt. In der Du nicht mehr das Zentrum meiner Fürsorge bist. Ich plane eine Zukunft, in der du mir nicht mehr gegenüberstehen wirst und ich Dich auch nicht älter werden sehe. Für mich wirst Du für den Rest meines Lebens 27 Jahre, 8 Monate und 16 Tage alt sein. Das muss man erst einmal aushalten können. Ich muss das aushalten können. Ich halte es aus. Jeden Tag halte ich es aus. Jede Nacht, es bleibt mir gar nichts anderes übrig.

In Liebe,
Deine Mutter

Woche 28 – Die Seele heilt

30. März 2012

Mein lieber Sohn,
die Trauer ist ein schwieriges Unterfangen. Kein Tag in all den 28 Wochen, an dem ich ohne Trauer war. In den ersten Wochen und Monaten war das Leid schmerzhaft überwiegend. Eine Geste im Vorübergehen, ein Blick eines mir fremden Menschen kann in der Betrachtung das Bewusstsein des Verlustes um Dich in einem einzigen Augenblick heraufbe-

schwören und mein Herz zusammenpressen. „Er ist nicht mehr da. Er ist tot. Er lebt nicht mehr!“ Die Realität setzt den Erinnerungen ein jähes Ende. Das Leid meldet sich, doch in letzter Zeit hat die Vernunft an Raum gewonnen, sie macht sich stark. Selbstmitleid will sie nicht mehr kultivieren, so berechtigt es auch sein könnte. „Hier geht es nicht um mich, ich lebe!“ So spricht es zu mir. „Er ist entschlafen, Er ist es, um den es hier geht!“

Mehr und öfter lasse ich diese Gewissheit zu, dass es Dir gut geht. Du bist wohl aufgehoben in der Unendlichkeit des Seins und Werdens. Für Dich war es ein Glück, in diesem Stadium deiner fortgeschrittenen Erkrankung gehen zu dürfen.

Nach 28 Wochen der Trauer verstehe ich diese Tatsachen langsam auch mit dem Herzen. Das Herz erstarkt. Die Seele heilt durch die Zuwendung zur Trauer. Der Raum, den ich mir dafür gebe, ist erfüllt von Energie, die in meine Kreativität fließt und nach Ausdruck ringt. So findet Heilung statt. Farben und Worte, Worte und Farben, ein farbiger Wortkreislauf, ein wortiger Farbkreislauf. Kreis-Lauf. Linda Kreiss. Am Ende komme ich wieder bei mir an. Vielleicht bin ich nie weg gewesen, auf dieser Reise mit mir.

Trauer ist Risiko. Es fordert alle verfügbaren Kräfte. Die Trauer gibt die Richtung vor, nennt uns aber nicht das Ziel. Selbst die Etappen gibt sie nicht preis. Daher macht sie uns Angst. Was geschieht mit mir? Heute? Was ist morgen? Wohin führt mich diese Trauer und was macht sie mit mir? Und dann wohl die wichtigste Frage überhaupt: Werde ich genug Kraft haben, das alles auszuhalten? Meine Güte, wie soll ich das aushalten? Das war die Angst, die mir Tag für Tag vor Augen stand in den ersten Tagen und Wochen nach Deinem Tod.

Die Trauer ist ein Weg, den man nicht freiwillig beschreitet. Trauer sucht man sich nicht aus, die Trauer findet uns. Trauer ist das Vorrecht jener, die geliebt haben und weiter lieben. Es bedarf Mut, sich ihr auszusetzen. Durch Deinen Tod, mein lieber Sohn, ist meine Liebe zu Dir nicht erloschen. Liebe stirbt nicht. Liebe ist größer als der Tod. Das ist der einzige Trost. Du lebst weiter in mir und in Deinem Vater und in allen Menschen, die Dich kannten und liebten.

In Liebe,
Deine Mutter

Woche 29 – Tod ist Leben

6. April 2012

Mein lieber Sohn,
Tod ist Leben. Dieser Gedanke geht mir heute immer wieder durch den Kopf. Wir werden geboren, um zu sterben, und sterben, um geboren zu werden. Das Gute, Edle, Schöne an Dir, das wird in meiner Erinnerung weiterleben. Es lebt in mir, Deinem Vater und vielen anderen Menschen weiter.

„Die Trauer ist ein langsames Gefühl", sagte Dein Vater gestern Abend zu mir. Er versteht mich, wenn ich mich einen ganzen Tag lang ins Bett verkrieche, weil alles andere mich zu viel Energie kostet. Den Alltag zu bewältigen ist an vielen Tagen immer noch eine große Aufgabe für mich. Meine Trauer hat sich verwandelt von ständig schmerzhaft zu zeitweise schmerzhaft. Meine Gedanken an Dich beinhalten nun in viel größerem Maße als die ganzen Wochen zuvor die Dankbarkeit über das Geschenk, Dich gekannt zu haben. Sie übersteigt inzwischen die Trauer, Dich letztendlich vermissen zu müssen. Das Geschenk eines Menschenlebens und das darin enthaltene Wunder. Ein Zyklus vollendet durch den Tod. Ich bin Augenzeugin Deines Lebens, Werdens und Vergehens.

Während ich dies niederschreibe, sitze ich vor dem Café Aida auf der Thaliastraße im Lärm. Sie haben Stühle auf den Gehweg in die Sonne gestellt und so sitze ich im Staub dieser mobilen Großstadt, inmitten von Zigarettenqualm unserer modernen Zivilisation, an einem x-beliebigen Tag ohne Stress und ohne Reue. Ich habe das Gefühl, seit Deinem Tod ein gutes Stück des Weges gelaufen zu sein und immer mehr in meine Mitte zu kommen, zu mir. Der Tod hat mir Dich nicht entfernt, Du bist so präsent wie eh und je. Ich rede zu Dir zu manchen Zeiten, an anderen erhalte ich Impulse, Wahrnehmungen, Gedanken, die durchaus von Dir kommen könnten. In meinen letzten Träumen sah ich Dich als kleinen, zufriedenen Jungen, glücklich strahlend, wie ich das auch tatsächlich viele Jahre lang erlebt habe.

29 Wochen. Heute vor einem Jahr war Ruhetag. Den ersten Teil Deines Umzugs in die erste eigene Wohnung hatten wir zwei Tage zuvor erledigt, doch noch waren die zukünftigen Ikea-Möbel in ihren Kisten und Kartons nicht geliefert worden, geschweige denn aufgebaut. Du warst erschöpft von den aufreibenden Einkaufstouren der beiden Tage zuvor, ich ebenfalls. Ich hatte Dich zu Ikea begleitet, zwei volle Tage lang waren wir dort unterwegs. Du suchtest Dir die passenden Möbel für Dein neues Leben aus. Zwischendurch legten wir Pausen ein, im Restaurant, in der Cafeteria. Doch am Abend waren wir beide müde und ausgelaugt. Diese Rundgänge bei Ikea ermüden schon einen gesunden, kräftigen Menschen, wie musstest Du Dich dann fühlen? Aber Du wolltest das unbedingt durchziehen, Du hattest es Dir in den Kopf gesetzt, alles auf einmal zu erledigen.

Heute, ein Jahr später, planen Dein Vater und ich den Grabstein für Dein Urnengrab. Dazu skizzieren er und ich unabhängig voneinander und doch fast zeitgleich, wie wir später rekonstruieren, unsere Idee und unsere Vorstellung davon, wie ein Gedenkstein für Dich aussehen soll. Dabei versuche ich mich daran zu erinnern, was Du zu mir und Deinem Vater auf einem unserer letzten Auto-Ausflüge sagtest, als Du Deinen Wunsch-Grabstein beschriebst. Als wir die Entwürfe nebeneinander betrachten, sind sie identisch. Wir haben beide einen länglichen Stein gezeichnet, der im oberen Drittel eine quadratische Ausnehmung hat, in der eine Kugel ruht.

Bei dem Termin mit dem Steinmetz lassen wir uns alle Möglichkeiten und Variationen zeigen und entscheiden uns für einen roten Travertin mit einer schwarzen Kugel. Er würde Dir sicher gefallen, mein Lieber.

In Liebe, Deine Mutter

Woche 30 – Urlaub am Meer

13. April 2012

Mein lieber Sohn,
„Palmen, Pinien und Platanen", sagt Dein Vater wenige Kilometer vor der langen Straße vom Festland Italiens über das Meer nach Grado hinein, an diesem herrlichen Apriltag, 30 Wochen nach Deinem Tod. Endlich Süden. Wir fahren für ein paar Tage ans Meer. Grado zeigt sich uns heute in Grau, wie der Name schon sagt. Eine dicke, graue Wolkenschicht geht in ein fast gleichfarbenes Meer über, kein Anfang und kein Ende ist da auszumachen.

Nun sitze ich eingepackt in meinen dicken Herbstmantel in einem Café am alten Hafen. Der Hafen an der Piazza San Marco ist klein, ein Rechteck herausgeschnitten aus dem Stadtkern. Die schwankenden Masten der vertäuten Segelboote ragen wie Spieße in die Höhe, weit über die Dächer der Häuser ringsum, direkt in den Himmel. Die Farben des Meeres dominieren die Boote, Weiß und Blau, Blau und Weiß. Trotz der Gräue des Himmels entsteht so ein freundlich einladender Eindruck. Die orangefarbenen Aperolgläser auf den schwarzen Kaffeehaustischen sind die einzigen sonnigen Farbtupfer in diesem Setting, das Urlaub, Entspannung, Pause, Innehalten signalisiert. Noch vor dem Mittagessen ein, zwei Gläser Aperol zu trinken scheint in Italien üblich zu sein.

Vor ziemlich genau fünf Jahren waren Dein Vater und ich das erste Mal hier. Gleicher Zeitraum, gleiches Zimmer im selben Hotel. Jeden Abend rief ich Dich an, Du warst in Wien. „Ist alles okay bei Dir? Wie geht es Dir?", so in etwa begannen die Gespräche.

Letztes Jahr um genau diese Zeit waren wir drei in einer Holzhütte in Schneeberg-Dörfl. Da begann der Anfang vom Ende sich zu entfalten, wir wussten es nur noch nicht. Wir hatten keine Ahnung, welches Schicksal da auf uns zurollte. Die vom Aspergillus (Pilz) befallene Hautstelle an Deiner Wade war bereits sichtbar und schmerzte Dich. Zuerst brachte ich Dich mit dem Auto zum Ärztenotdienst ein paar Dörfer weiter, später ins AKH nach Wien. Die Ärzte vermuteten zuerst eine Haarwurzelentzündung, später dann eine Knochenhautentzündung. Jedenfalls nichts wirklich Ernstes. „Machen Sie sich keine Sorgen", hieß es und: „Fahren Sie ruhig zurück nach Schneeberg und genießen Sie Ihren Urlaub, den haben Sie sich verdient." Wirklich beruhigt waren wir alle drei nicht. Daher fuhr ich erneut mit Dir aus dem Urlaub ins AKH und wieder in den Urlaub. Nach der zweiten Fahrt ins AKH hattest Du keine Lust mehr auf Urlaub, ich auch nicht.

Am Abend gehen Dein Vater und ich ins Hotelrestaurant „La Dinette“. An der langen Glasfront knapp über dem Meeresspiegel saßen wir vor fünf Jahren auch schon. Die Hitze der aufgestellten Ölöfen um uns herum beschlägt die Fensterfronten, wir sitzen wie in einem feuchten Tropen-Glashaus und beobachten bei einem leichtfruchtigen Weißwein die Wellen, die vor unserem gedeckten Tisch vorbeirollen. Wir reden über Freiheit und Stress und den Träumereien in einem schaukelnden Boot. La Reverie, Träumereien. Sich Träumereien hingeben. Wie fast jeden Abend reden wir über Dich. Unsere Trauer ob Deiner Abwesenheit. Über Vater-Sein, Mutter-Sein bzw. es gewesen zu sein als größte Bereicherung unseres Lebens. Wir reden über unseren bewussten Verzicht auf ein zweites Kind, um unsere Kräfte und Energien in vollem Umfang für Dich aufbringen zu können und gleichzeitig zu verhindern, eventuell noch ein anderes Kind an diese Krankheit zu verlieren. Und immer wieder die Frage: Woher, aus welchen beiden Linien, rührt dieser Gen-Defekt der zystischen Fibrose aus Deines Vaters und meiner Ursprungsfamilie?

Die Abendbrise weht den Geruch nach Meer, Fisch, Tang und Meersalz heran. Der Geruch der Erholung, von Urlaub, Loslassen, Sinnlichkeit breitet sich aus. Der Geruch, den auch Du liebtest. Urlaub am Meer war für uns drei stets etwas Besonderes, etwas, auf das wir uns lange im Vorfeld freuen konnten. Ostsee, Nordsee, Thailand, Goa, Frankreich, Spanien, Italien – jedes Meer hat seinen eigenen Reiz. Doch werde ich Dich, mein Sohn, in meiner Erinnerung hauptsächlich in Goa am Strand und auch in Thailand, in Phuket sehen. Bilder der sonnigen Sorglosigkeit. Bilder der wenigen Auszeiten von Sorge meinerseits, obwohl es selbst und gerade am Meer immer wieder Situationen gab, wo Du verstärkt Symptome von Husten, Durchfall und Fieber hattest, vielleicht so etwas wie „Erstverschlimmerung“ bei Klimawechsel.

Ein kleiner Spatz landet auf dem Ast der Platane neben meinem Fenster, während ein Fischerboot Kurs auf den Hafen von Grado hält. Die Meereswellen donnern an die aufgehäuften Steinbrocken während die Sonne sich dem Wasserspiegel des Meeres zuneigt. Mein Leben geht weiter. Auch ohne Dich in unserer Mitte. Eine Gruppe Seemöwen jagt einander über das Meer hinweg und dann landen sie doch in der Nähe des Ufers. Sie schwimmen in Zweiergruppen einträchtig nebeneinander her. Außer ihrem gelegentlichen Geschrei und dem hohlen Grollen des Meeres unter der Steinböschung ist es still. Die Natur ist sich, wie immer, selbst genug. Das Meer wird noch immer da sein, wenn ich, wenn Dein Vater, wenn wir alle nicht mehr sind. Dann ist auch das Meer sich selbst genug. Wir Menschen werden diesen Zustand wohl nie erreichen.

In jeder Muschel sehe ich Dich, mein Sohn. Der kleine Junge, der begeistert Muscheln am Strand sammelt, später der große Junge, der sie mit großem Appetit verschlingt. Der Blick von Grado hinüber auf das Festland von Kroatien. Zweimal waren wir drei dort auf der Insel Cres auf Urlaub. Zuerst auf dem Zeltplatz, dann privat in einer Ferienwohnung. Meine Lebenswege sind unsere Dreier-Wege, meine Welt ist unsere Dreier-Welt.

Später am Tag verbrennen Dein Vater und ich in unserem wiederkehrenden, alljährlichen Ritual die Kalenderreste vom Jahr 2011, Deinem Todesjahr, dem schlimmsten Jahr meines Lebens. Doch das Rad dreht sich weiter. Dein Vater und ich blicken uns immer wieder um und gehen doch weiter. Langsam, aber entschlossen. Mit jeder Zeile, die ich schreibe, feiere ich mein Dasein. Mit jedem Gedanken an Dich feiere ich die Erinnerung.

In Liebe,
Deine Mutter

Woche 33 – Was zählt, ist der Moment

4. Mai 2012

Mein lieber Sohn,
kein Brief an Dich in den letzten beiden Wochen. Meine Welt stand erneut Kopf, ich war in einer anderen Welt. Ich bin nach Lauffen gereist, an den Ort meiner Kindheit, um meiner Mutter einen Pflegeheimplatz zu organisieren, da sie nicht mehr alleine leben konnte. Ich wusste, dass sie das selbst nicht wollte, und ich wusste, dass mir eine schwierige Zeit bevorstand.

Beim Ankommen in ihrer Wohnung erwartete mich der abgestandene Geruch der Verwahrlosung. Alles schmierig vor Dreck und Staub, die Wohnung seit Langem nicht mehr geputzt und seit Langem nicht mehr gelüftet. Mutter sollte am nächsten Tag aus dem KKH nach Hause gebracht werden. Also fing ich an, die notwendigsten Gerätschaften zu putzen: Kühlschrank, Herd, Spüle, Bad, Toilette. Es war grausig und doch musste es getan werden. Für die erste Nacht bot mir Ilse Unterschlupf. In Kindertagen schon war sie Freundin und Nachbarin, sie lebt immer noch, nein wieder, in der Wohnung ihrer Kinderzeit. So fremd ich mich auch fühlte, so schnell kam die Sprache meiner Kindheit wieder, der Dialekt, das Schwäbische, floss mir wie selbstverständlich von der Zunge.

Mutter wurde am nächsten Mittag von einem Rettungswagen in ihre Wohnung gebracht. Sie saß in einem dieser Trage-Stühle, die Du auch kennst. Jeweils ein Sanitäter an der Seite hielt einen Haltegriff, ein Dritter klingelte. Es war eine eindrückliche Szene, diese erste Begegnung: Die Haustüre zum Vorplatz hin stand wegen des warmen Wetters offen. Mutter thronte auf diesem Stuhl und blickte mir geradewegs in die Augen, als ich die Wohnungstüre öffnete. Sie war ernst und sie wartete ab. Vielleicht war sie verwirrt, was nun kommen würde? Ich beugte mich zur Wohnungstür heraus und lächelte sie offen an: „Ah, da bist Du ja, Mutti! Schön, Dich zu sehen", sagte ich. Ich freute mich wirklich. In diesem Moment strahlte auch sie und begann augenblicklich zu weinen.

Sie wurde hereingetragen und da erst erkannte ich ihren schäbigen, verschmutzten Morgenmantel, sah ihre ungekämmten, fast struppigen Haare, lange nicht in Form geschnitten. Wir brachten sie zu Bett und ich setzte mich zu ihr. Ich streichelte sie und beruhigte sie mit Worten, dass ich mich nun um sie kümmern würde und sie versorgen würde, einen Pflegeheimplatz würde ich für sie finden, um ihr einen angenehmen Lebensabend zu bereiten. Monika würde gleich noch zu uns stoßen. Wir drei gemeinsam würden das schon richten.

13 Tage später starb sie, wieder im KKH Brackenheim. Dazwischen hatte ich alles für sie organisiert, damit sie gepflegt und versorgt an einem guten Ort leben konnte, doch sie wollte es einfach nicht. Sie wollte sterben. Sie wollte keinen Neubeginn. Sie wollte gehen. Es war ihr Wille. Am Ende ging es ganz schnell. Nach einem Schwächeanfall kam sie ins Krankenhaus, dort hatte sie einen Sturz während der Nacht, sie brach sich einen Rückenwirbelkörper. Es kamen eine Lungenentzündung, eine Blasenentzündung und eine Nierenentzündung dazu. Sie verstarb am 1. Mai um 11.07 Uhr. Sie sah friedlich und entspannt aus, als Monika und ich an ihr letztes Lager traten.

Diese Tage, als meine Schwester und ich sie bekochten und versorgten, die Damen der Diakonie sie wuschen und ihr die Medizin verabreichten, diese Tage schien sie zu genießen. Ihr Kurzzeitgedächtnis war meist nicht mehr verfügbar, doch sie sprach von der Vergangenheit, von Vater und den Schwierigkeiten in dieser Ehe. Sie war ehrlich, doch zu schwach, um viel zu reden. Monika und ich drängten sie auch nicht dazu, die Vergangenheit schien uns vergangen, was zählte, war der Moment. Wir zeigten Mutter unsere Liebe, streichelten sie, setzten uns zu ihr. Sie zeigte uns ihre Liebe und dankte uns mehrmals, dass wir bei ihr waren. Monika und ich gaben einander Kraft und diese Kraft gaben wir an Mutter weiter. Die Atmosphäre war friedlich und liebevoll, die ganze Zeit über, solange ich in Lauffen war.

Mutter hat diesen Frieden und diese Liebe aufgesaugt. Wir haben miteinander Frieden gemacht, Monika, Mutti, ich. Am Ende zählte nur die Liebe, der Friede. Das war für Mutter wichtig, aber ebenso für Monika und mich. Wir haben das Leben mit Mutter für uns abgeschlossen, ihr verziehen, so wie sie auch uns verziehen hat. Wir tragen einander nichts nach. Darüber bin ich froh. Das ist mehr, als ich je erwarten konnte. Dies war ein anderer Tod als der Deine. Du hast für Dein Leben gekämpft, Mutter dagegen. Ich habe mit Dir gekämpft, bei Mutter ließ ich dem Schicksal seinen Lauf, obgleich ich in jedem Augenblick das Beste für sie wollte. Aber bei ihr hing ich nicht mit meinem eigenen Leben vom Geschehen ab. Sie war vergangenen Februar 87 Jahre alt geworden. Sie blickte auf ein langes Leben zurück. Was sie daraus gemacht, damit gemacht hat, ist allein ihre Verantwortung. Ich erlaube mir kein Urteil, ich verstehe es nicht einmal. Aber auch sie hat nicht geklagt. Auch sie war stolz und würdevoll bis zuletzt. Den Willen, der Dich erhielt, den nutzte sie, um zu sterben.

Als ich Mutter auf dem Bett liegen sah und von ihr Abschied nahm, dachte ich an Dich, mein Sohn. Das Leuchten, das von Dir ausging, als Du tot vor Deinem Vater und mir lagst. Deine überirdische Ruhe und die Schönheit, die von Deinem Leichnam ausging. Auch Mutter lag ruhig und friedlich auf dem Krankenhausbett. Vielleicht ist es für sie mehr, als sie erwarten konnte.

In Liebe,
Deine Mutter

Woche 35 – Endlose Tiefe

18. Mai 2012

Mein lieber Sohn,
es ist Deine schlanke Gestalt, die ich vermisse, das strubbelige Haar im Gegenlicht, die langen Finger, die am Nagelende breiter enden, als sie aus der Handwurzel austreten. Aber am meisten fehlt mir Dein Blick, der auf mir ruht und dem der meine nun nicht mehr begegnen kann. 35 Wochen, heute vor 35 Wochen bist Du entschlafen. Das sind acht Monate und drei Wochen. Noch immer schmerzt Deine Abwesenheit bzw. Deine Nicht-Anwesenheit. Gestern, bei meinem Mittagsschläfchen, träumte ich meinen Schmerz. Ich weinte im Traum. Nein, ich schluchzte im Traum. Laut und heftig brachen immerfort diese Schluchzer aus meinen ureigensten Tiefen heraus, brachen sich ihre Bahn. Es geschah mit mir, ich konnte nichts dagegen tun. Mehr noch als meine Hilflosigkeit diesem Gefühlsausbruch gegenüber, als die Heftigkeit dieses Schluchzens, erschreckte mich das geschluchzte Ausmaß, die Tiefe, die endlos zu sein schien. Dieses Ausmaß war mir nicht bewusst. Im Alltag lasse ich diesen Schmerz nur in geringen Dosen zu. Nun weiß ich auch, warum. Es ist zu meinem eigenen Schutz. Der Schmerz würde mich in diesen tosenden Schluchzern einfach hinwegfegen. Mit sich reißen und davontragen. Das kann ich nicht zulassen, wenn ich weiterleben möchte.

So ganz anders der Tod meiner Mutter. Sie wollte nicht mehr leben. Nachdem vor fünf Jahren ihr Lebensgefährte gestorben war, verlor sie den Lebenswillen, den Lebensmut. Sie aß nur noch das Notwendigste, trank kaum noch. So verlor sie auch an Lebenskraft. Genau das wollte sie aber. Ihr Tod war eine Erleichterung für sie. Ebenso wie für Monika und mich. Ohne Patientenverfügung hätten wir ihr auf ihrem Wunschweg auch nicht helfen können.

So unterschiedlich Eure beiden Leben waren, Deines und Ihres, so unterschiedlich waren auch die Tode. Ich vermisse meine Mutter nicht. Aber ich trage ihr auch nichts nach. Mit dem Frieden, den wir in ihren letzten beiden Wochen schließen konnten, und die darin gefundene Liebe, die wir einander noch schenkten, trat eine große Erleichterung ein. Ein schwieriges Kapitel eines ungewöhnlichen Lebens ist abgeschlossen. Mutter und ich konnten einander loslassen und ziehen lassen. Vielleicht sind wir nun voneinander befreit. Die Liebe hat gesiegt. Das ist das Schöne daran, dass in dieser komplizierten Mutter-Tochter-Beziehung voller Irrungen, Wirrungen, Zurückgestoßen-Werden, Fremdheit, Unverständnis und vieles mehr, am Ende die Liebe all die aufgestauten Verletzungen auflöste. Alles Negative von über 50 Jahren hat sich quasi in Liebe aufgelöst!

In Liebe,
Deine Mutter

Woche 36 – Mach dir keine Sorgen

25. Mai 2012

Mein lieber Sohn,
„mach Dir um uns keine Sorgen, wir kommen schon zurecht, Dein Vater und ich“, so sprach ich heute zu dem einfachen Holzkreuz hin auf Deinem Grab, auf dem das kleine Foto von Dir befestigt ist. Vor einem Jahr konnte ich Dir noch beistehen, Dir Mut zusprechen und konnte doch dabei kaum ertragen, wie viel Schmerzen Du nach den je-

weiligen Operationen aushalten musstest. Heute kommt mir das im Rückblick wie ein böser Traum vor, und doch scheint mir dieser Traum realer als das Leben nun ohne Dich. Ein Leben ohne Dein Lächeln, ein Leben ohne Deine raue Widerborstigkeit, Deine oft spröden Kommentare, Deine distanzierte Weltbezogenheit, Dein überzeugtes Eigenbrötlertum. Meine Versuche, und die Deines Vaters ebenso, Deine Ansichten durch Argumente geschmeidiger zu machen, quittiertest Du meist mit einem lachenden Kopfschütteln. Du lebtest in Deiner eigenen Welt mit Deinen körperlichen Beschränkungen und das war Dir genug. Heute weiß ich es zu schätzen, dass Du Deinen Vater und mich in Deine Welt hinein hast blicken lassen, dafür bin ich Dir sehr dankbar. Uns gegenüber warst Du sehr großzügig und aufgeschlossen. Aber wir sollten fast die Einzigen sein, die so nahe an Dich herankamen. Wenige andere hättest Du noch zugelassen, aber irgendwie hat es sehr selten geklappt.

In Liebe,
Deine Mutter

Woche 37 – Woche für Woche

1. Juni 2012

Mein lieber Sohn,
37 Wochen. Das taube Freitagsgefühl trage ich wie ein Gewand bereits beim Erwachen, wenn ich am Morgen die Augen aufschlage und mir bewusst wird, dass ich Dein feines Lächeln nie mehr erwidern kann. Es ist grausam, mit

dieser Gewissheit dann durch die Stunden des vor mir liegenden Tages zu wandeln, aber ich tue es, Woche für Woche.

Mir scheint, als träume ich fast jede Nacht von Dir. Vergangene Nacht war ich Deine ältere Schwester und suchte Dich vor unserer Mutter (meiner richtigen Mutter im Leben) zu beschützen. Sie war lieblos und ging nicht auf Deine Bedürfnisse ein, die Deine Dich schwächende Krankheit verursachte. Mutter verhielt sich uns beiden gegenüber gleichgültig. Die Situation war für uns beide auf eine nicht überschaubare Art und Weise grausam, denn wir wussten nie, welche Probleme sie uns als nächstes bereiten würde. Eines Tages brachte Mutter eine Freundin mit nach Hause, ihre Geliebte? Von diesem Moment an drehte sich alles um diese Frau. Mutter schenkte all ihre Aufmerksamkeit dieser Frau. Ich war eifersüchtig und besorgt zugleich. Diese Freundin war uns Kindern gegenüber noch gleichgültiger als Mutter, ja in gewisser Weise war sie boshaft und nutzte jede Möglichkeit, uns beide zu ärgern. Sie rauchte sogar ihre stinkigen Zigaretten in der Wohnung, obwohl das verboten war, schon allein wegen Deiner Lungenprobleme. An diesem Tag stellte ich mich aufrecht vor Mutters Freundin hin und sagte ihr, sie solle mit dem Rauchen in der Wohnung aufhören, sofort! Aber sie lachte nur und zog demonstrativ an ihrer Zigarette, inhalierte tief und genüsslich ein und blies den Rauch in Dein ungläubig dreinschauendes Gesicht. Es war kein Ankommen gegen diese beiden Frauen, wir hatten keine Chance.

Bei Kerzenschein am Abend reden Dein Vater und ich von Dir. Dein Vater spricht von seiner Trauer: Dass ihn diese Trauer ausfüllt, dass er trotzdem im Job funktionieren muss und wie schwer ihm dabei doch die einzelnen Schritte fallen: Telefonate, E-Mails, Sitzungen und dass ihm immer wieder einmal kleine Fehler bei diesen seinen Aufgaben unterlaufen. Er berichtet mir, dass viele Bekannte ihn fragen, wie es mir, seiner Ehefrau, nach Deinem Tod geht, wie ich damit klarkomme? Dein Vater dagegen wird nicht gefragt, wie er damit klarkommt. Es gibt auch keinen „Bonus“, keine „Schonzeit“ für ihn, was das Funktionieren an der Uni betrifft. Nein, für Deinen Vater heißt es: „business as usual“. Trotz dieser schwierigen Zeit in den letzten Jahren gab Dein Vater all seine Kraft auch in diese, seine Arbeit. Wie seltsam, dass die Kollegen, die Verwandten, die Freunde denken, dass Dein Vater weniger Trauer empfindet als ich? Weil er ein Mann ist? Wieso sollte er weniger trauern als eine Mutter? In welchem Bewusstsein leben diese Menschen?

Ich humple immer noch durch das Leben. Irgendwie passt das Bild des Humpelns zu meiner Lebenssituation. Nicht alle Tage bringen Freude im Erleben, mir scheint, dass eine gewisse Mühsal in meinem Alltag zunimmt. Man sollte meinen, dass die Alltäglichkeiten im Alter leichter werden, aber das kann ich keineswegs bestätigen. Mir wird bald jeder Tag zur Last, Erleichterung erfahre ich erst am Abend. Da darf ich dann zu Bette gehen, lesend, wenn ich so viel Kraft und Energie in mir spüre. Das war es dann, das kann doch nicht mein ganzes Leben sein!

Dabei taumle ich halb schlafend durch die Welt. Viel zu unbewusst ist meine Aufmerksamkeit, im Dunkel verborgen meine Aufnahmebereitschaft. Ein Witz von meinem Freund Eli erzählt braucht Sekunden, bis er in den Windungen meines Gehirns seine Auflösung findet. Vieles entgeht mir gar zur Gänze, ich kriege es nicht einmal mit. Selbst beim Lesen wiederhole ich Sätze, Passagen, ja ganze Kapitel, um ihren Sinn zu begreifen. Erinnern tue ich sie später trotzdem nur schemenhaft. Zitieren ist fast unmöglich, selbst wenn die einzelnen Gedanken sehr einprägsam waren. Doch ein Klang, eine Melodie oder ein Bild bleibt mir erhalten.

Unsere Terrasse ist nun begrünt. Es fiel mir nicht leicht, diesen Schritt zu tun, mein Lieber. War es doch auch Deine Terrasse, auf der Du in den letzten Tagen Deines Lebens bei uns zu Hause mit uns Zeit verbrachtest: Lesen im blauen Liegestuhl, Grillen auf dem schwarzen Kugelgrill – wie haben wir diese Zeit genossen. Wir lebten in dem Glauben, dies sei der Beginn Deines neuen Lebens, dabei war es das Ende. Natürlich hatten wir keine Blumen aufgestellt, wegen der Keime, aber das war uns auch nicht wichtig. Doch nun haben Dein Vater und ich den Schritt gemacht und Clematis, Rosen, Hostas, Bambus, Küchenkräuter und manch anderes aufgestellt. Gegrillt haben wir noch nicht. Ohne Dich grillen ist sicher seltsam. Wir haben aber bereits die begrünte Terrasse eingeweiht mit einem Glas Rosé. Auf dem Weg zur Terrasse, als Dein Vater auf den Küchenschrank greift, um den Terrassenkorb zu holen, lag Dein weißes Medikamentendöschen noch darin. Diese Enzymtabletten musstest Du seit Deinem ersten Lebensjahr nach jeder Mahlzeit einnehmen. Der Anblick dieses Döschens und wie es so lebendig hin und her rollte in dem Korb löste einen derartigen Schock in mir aus, dass ich sofort zu weinen begann. Es ist immer noch schwer, ohne Dich leben zu müssen.

In Liebe,
Deine Mutter

Trübsinn sickert
wie Gift
Tropfen für Tropfen
in meine Zellen.

Ich scheue das Licht
der Sonne,
das mir den Abgrund zeigt,
vor dem ich stehe.

Ein dunkles Loch,
da will ich nicht hinein!
Ich brauche Flügel, Mensch,
die mich hinübertragen

dort, wo der Frohsinn weilt
und Lachen
dort, wo die Freude wohnt,
da will ich hin.

Woche 38 – Regentage

8. Juni 2012

Mein lieber Sohn,
vor ein paar Tagen bat mich Michael O., ein alter Freund von Deinem Vater und mir aus den Jahren in Kathmandu, an Dein Grab zu gehen. Ich hatte Dich ihm vor circa zwei Jahren auf der Hochzeit eines gemeinsamen Freundes kurz vorgestellt. Er hatte Dich nur als Säugling gesehen und es war mir wichtig, dass er Dich nach über 25 Jahren wiedersah. Es war ein windiger, kalter Tag, aber es war ihm wichtig, diesen Ort zu besuchen. In einer der Gärtnereien vor dem Friedhofstor kaufte er einen Topf blauer Polster-Glockenblumen und stellte ihn vor das schlichte Holzkreuz mit Deinem Namen. Ich erzählte von Deinen Eigenheiten und Besonderheiten, Deinem Willen, anderen zu helfen, und wie mutig Du um Dein eigenes Leben kämpftest. Es war ein warmes Nebeneinander mit Michael. Während wir so vor

Deinem Grab standen, erzählte er von sich selbst, seinem überwundenen Krebsleiden, seinen Erfahrungen, seinen Plänen für die Zukunft.

Später gingen wir gemeinsam ins Café „Grünspan" und tranken Tee am großen Terrassenfenster, bis er zu seinem Flugzeug aufbrechen musste.

Die Ehre, die er Dir mit seinem Besuch erwies, die tat mir selbst am meisten gut. Diese letzte Ehre, die man einem Menschen bezeugen kann, den man einst kannte, ist ein großes und wichtiges Zeichen, auch für die Hinterbliebenen. Als Michael ging, war mein Herz erfüllt von Wärme und Selbstvertrauen. Als ich ihn vor 30 Jahren in Kathmandu kennenlernte, Du warst noch nicht geboren, war er ein junger, kräftiger Mann, am Anfang seiner Karriere. Eigensinnig, störrisch, unbarmherzig – so schien er durch die Welt zu stürmen. Inzwischen hat er viele Erfahrungen gemacht und seine große Liebe gefunden. Er ist weicher, durchlässiger und verständnisvoller geworden.

Diese Regentage immer wieder, sie sind für mich leichter zu ertragen als der lockende Sonnenschein, der mir doch nur vor Augen führt, wie trübsinnig und freudlos ich mich zurzeit fühle. Ich kann nicht sagen, dass ich mich morgens beim Aufwachen auf den neuen Tag freue, aber ich kann auch nicht sagen, dass ich ihn lieber nicht erleben möchte. Am Abend lege ich mich erschöpft nieder, wohl wissend, dass ich mir das Dunkel im Raum und mein weiches Bett verdient habe. Das viele Zuhören und Reden bin ich nicht mehr gewohnt, ich brauche Rückzug, um zu mir selbst zu finden.

In Liebe,
Deine Mutter

Ein Ort der Erinnerungen

Der Ort in meinem Herzen, den mein Sohn bewohnt, ist niemals leer. In meinem Herzen wohnt und lebt die Erinnerung an ihn und nährt sich im Hier und Jetzt aus den Bildern des gemeinsam Erlebten, dem Hochschwang der gefühlten und der erwiderten Liebe. Deren Ausmaß nur eine Mutter und ein Vater kennen, die sich klar und bewusst darüber sind, dass das Leben ihres Kindes zeitlich begrenzt ist und dass sein Tod vor ihrem eigenen Tod eintreten wird. Deren Liebe reiner Selbstzweck bedeutet, ohne Erwartungen, ohne gestellte Forderungen, nur ein Annehmen des dargebotenen Möglichen.

Der Tod nimmt uns einen geliebten Menschen nicht wirklich fort. Die Spuren, die er oder sie in uns hinterlässt, sind Teil von uns in jedem Augenblick. Was uns fehlt, ist die Befriedigung der Sinne:

... die Stimme, die wir nie mehr hören werden, wenn er oder sie unseren Namen ruft,

... den Körper, den wir nie mehr in unseren Armen halten werden, um die Zartheit seiner Glieder zu umfassen,

... den Blick, den wir nicht mehr erwidern dürfen, diesen Schau-dir-das-mal-an-Blick, wenn ein besonders auffallendes Auto im Sonnenlicht die Straße entlanggleitet,

... der Geruch, der dem geliebten Leib entströmt, dieses süß-herbe Aroma, das hinter den Ohren sitzt,

... die Haut, deren Weichheit wir nicht mehr berühren können, und der warme Kontakt, der unser Herz erreicht,

... eine Bemerkung, leicht hingeworfen, die uns zu denken gibt, wie etwa: Hast du dir schon einmal überlegt, wie sich die Situation aus der Perspektive eines Käfers darstellt,

... ein Lächeln, das uns gilt und in dem wir erkennen, dass wir durchschaut sind,

… eine Antwort, die nur dieser eine Mensch in dieser Form zu geben in der Lage ist, in der Art von: Überleg doch mal, es könnte auch ganz anders sein …

Hier, im Ort in meinem Herzen, gelingt es mir manchmal, im Trubel der ewigen Gegenwart den Raum zu halten, in dem ein wortloses, zeitloses Zwiegespräch sich führen lässt. Der Raum ist da, ich muss ihn nicht schaffen. Es ist ein Ort der Empfindsamkeit und gleichzeitig auch ein Ort der Kraft. Es ist quasi ein Zimmer in meinem Herzen, das gefüllt ist mit den Bildern der Erinnerung, zu dem ich mich zu jedem Zeitpunkt meiner Tage und Nächte zurückziehen kann. Hier gibt es keine Grenzen und Begrenzungen. Wenn ich diesen Ort betrete, weiß ich, dass es meinem Sohn gut geht.

Woche 40 – Immer noch im Ausnahmezustand

22. Juni 2012

Mein lieber Sohn,
40 Wochen. 10 Monate. Die Trauer ist ein langsames Gefühl. Sie kriecht wie eine Schnecke durch das Gefüge der Zeit. Die Zeit wiegt so schwer, wie eine dicke Decke hüllt sie mich ein, sodass ich mich kaum bewegen kann. Jeder Tag ein Stückwerk mit vielen Etappen. Die Schnecke bewegt sich im Kreis herum und hinterlässt eine klebrige Spur von Dumpfheit in meinem Kopf. Nur im Rückblick lässt sich erkennen, dass der Kreis eine Spirale ist und selbst die schmerzlichsten Gefühle eine Veränderung erfahren. Der Schmerz wird nicht weniger, aber über die Wunde schiebt

sich eine dünne Haut. Ich weiß nicht, was das Ziel dieser Reise ist, aber ich wünsche mir, dass es eines Tages wieder so etwas wie „Normalität" für mich gibt, mein Leben im Ausnahmezustand geht nun schon seit Jahren. Nur Dein Vater und ich verstehen so richtig, wie unsere Trauer aussieht und was sie in uns und mit uns macht. Auch Dein Vater sucht den Rückzug und keine Gesellschaften; keine Ablenkung, sondern Innehalten; keine Zerstreuung, sondern Stille. Nur dass es ihm schwer möglich ist, solange Vorlesungen und Veranstaltungen laufen.

Vor 40 Wochen bist Du entschlafen. Dein Schicksal hast Du getragen wie ein Held: keine Klagen, kein Zaudern, kein Wimmern und Winseln – mit klarem Blick hast Du stets das Beste aus der jeweiligen Situation gemacht, dabei noch versucht, Deine Eltern zu schonen. In der Gegenwart hast Du gelebt, von Tag zu Tag, vom Morgen zum Abend zum Morgen. Deinem Vater und mir wird erst im Rückblick klar, dass Du mit Dir allein das meiste innerlich ausgetragen hast, auch Deine Ängste und Deine Sorgen. Ich habe es nicht bemerkt.

Ich schwimme nicht mit dem Rest meiner Mitmenschen im Strom der Alltäglichkeit. Mein Blick geht zum Himmel, verliert sich in den Variationen von Blau, heftet sich an Wolkenfetzen, die treibend ihre Form verändern und mir dadurch zeigen, dass nichts bleibt, wie es ist. Nur die ständige Veränderung ist eine Konstante. Immer wieder stehe ich vor meinen eigenen Grenzen, immer wieder stoße ich mich schmerzhaft daran. Ich laufe an ihnen entlang wie das Vieh an einem Weidezaun und finde keinen Durchlass. Doch ich gebe nicht auf. Ich hebe den Blick und sehe, direkt über meinem Kopf, den Teil eines Regenbogens. Nicht weit entfernt davon leuchtet das Rund der Sonne, von zarten Wolken umkränzt. Der Ausschnitt des Himmels, den der Innenhof mir bietet, wo unsere Terrasse sich befindet, ist eigentlich perfekt. Wie ein Bilderrahmen lenkt er meinen Blick auf

Einzelheiten, die mir ihre Besonderheiten offenbaren. Jetzt sehe ich einen dunklen Raubvogel in der Höhe stehen, gleich unter dem angegrauten Wolkenberg, der vom Höhenwind zusammengetrieben wird, dann stürzt der Vogel in die Tiefe und dreht sich gleitend, elegant, auf einer Böe davon. In der Ferne höre ich Meeresrauschen, das leider keines ist: Es ist der Autoverkehr am Gürtel, der durch das Werk der Ampeln im einen Moment gehalten, im nächsten losbrausend, dem Spiel der Brandung gleicht.

In Liebe,
Deine Mutter

Woche 41 – Ich will leben

29. Juni 2012

Mein lieber Sohn,
dieser Sommer ist heiß. Es herrschen tagsüber Temperaturen bis an die 40 Grad, das macht mich müde und unentschlossen, auch uninspiriert. Du warst in diesen Hochsommerzeiten auch immer wie erschlagen und schliefst viel, auch tagsüber. Die abgekühlten Abende sind mir am liebsten, sie wünsche ich mir gleich nach dem Aufwachen herbei. Die „Zwischenzeit" ist mir lästig, aber was soll ich tun, es gibt immer so einiges zu erledigen: einkaufen und Rechnungen bezahlen und dies und das, und so tue ich es und erfülle meine Pflicht. Ich hätte nicht die Kraft und die Aufmerksamkeit, die ein Beruf von

mir fordern würde. Schon allein die Konzentration für die Belange anderer ist nur minimal aufzubringen. Ich weiß, das würde mich vermutlich ablenken, aber jede Ablenkung führt bei mir zu Kopfschmerzen und Übellaunigkeit.

Dazwischen ein Leben, ein Dasein in einem Zwischenraum. Ich fühle mich nicht zugehörig zu meinem Umfeld und doch bin ich ein Teil davon. Ich bin nicht unsichtbar für andere und doch fühle ich mich so. In diesem Resonanzraum meiner Trauer suche ich Form und Ausdruck für mein momentanes Dasein. Ich setze Farben zueinander in Bezug und spüre Worten nach, um die Klangbilder, die in meinem Inneren hallen, auf Papier zu bannen. Dann geht es mir gut, denn dann bin ich in der Zeit aufgehoben. In meiner Zeit und auch in Deiner Zeit, die sich gerade in jedem Moment aufhebt, und ihre Existenz dadurch aus meiner Wahrnehmung entschwindet.

Ich will leben. Das weiß ich jetzt. Nachdem Dein Vater und ich vor ein paar Tagen in einen Kabelbrand in der U-Bahn geraten sind, bin ich mir dessen ganz sicher. Es gab einen lauten Knall, dann den Schrei einer Frau, danach ihr Weinen und die Rufe „Feuer, Feuer". Wir waren auf dem Weg zur Einsicht in die nun eingereichten Baupläne. Wir drehten uns auf der nach oben führenden Rolltreppe um, die schreiende Frau hatte Helfer an ihrer Seite, und sie rannten gegen die Laufrichtung wieder nach unten. Es dauerte nicht lange, da war mir klar, ich würde es mit meinen nach der Operation noch nicht ganz regenerierten Füßen nicht gegen das Tempo der laufenden Treppe aufnehmen können. Panik erfüllte mich. Angst. Ich rannte um mein Leben. Erst als ich einen Nothalteknopf zu fassen bekam und die Rolltreppe stehen blieb, schaffte ich es. Doch dann führten bis zum Ausgang weitere zwei Etagen Treppen hinauf. Der Rauch wurde immer dichter, es stank. Ich nahm alle meine Kräfte zusammen und irgendwann war ich im Freien. Das Atmen schmerzte, doch ich war gerettet. Das Erste, was ich zu

Deinem Vater sagte, als ich ihn im Freien wiedersah: „Wie gut zu wissen, dass ich *leben* will!“ Mir war das seit Deinem Tod gar nicht mehr so richtig klar.

Wenn ich an die vergangenen 41 Wochen denke, wird mir klar, dass es etwas Großes ist, dem Tod zu begegnen. Alles um mich herum veränderte seine Bedeutung. Nichts ist seitdem, wie es vorher war. Die meisten Dinge versinken in der Unwichtigkeit, weil ich ihnen keine Bedeutung mehr gebe. Was zählt, ist einzig der unablässige Schmerz, der zum neuen Zentrum wurde. Alles dreht sich um diesen Schmerz, um den endgültigen Verlust eines Menschen, um Dich. Deine Abwesenheit ist es, die wie ein dichter Schatten in jedem einzelnen Moment auf der Zeit liegt. Aufgeladen durch das Wissen, dass es keine gemeinsame Zeit mehr geben wird. Niemals. Diese Endgültigkeit ist unfassbar, sie raubt mir manchmal den Atem, wenn ich sie für einen Augenblick greifen kann. Hier ist eine Grenze, eine unüberwindbare Grenze, und ich stehe einsam davor. Man muss es selbst erlebt haben, um es nachvollziehen zu können. Dein Vater und ich sind diesem andauernden Tumult der Gefühle ausgesetzt. Es gibt wenige Ruhephasen darin, denn dieser Tumult hat unseren Schlaf gebrochen.

Wie sollen wir das auf Dauer aushalten? So fragen wir uns. Wie soll das weitergehen? Unserem Umfeld entgleiten wir größtenteils. Es sind nur die Einfühlsamsten unter unseren Freunden und Bekannten, die es schaffen, Nähe zu uns aufzubauen und sie auch zu halten. Aber wenn sie es schaffen, schenken sie uns Trost. Wenn sie es gleichzeitig schaffen, den Raum zuzulassen, in dem wir uns befinden, können wir mit ihnen wachsen. Denn diesen Raum brauchen wir für unsere Trauer und unsere Erinnerungen, ohne ihn wären wir verloren. In diesem Erinnerungsraum halten wir Nähe zu Dir und lassen so unsere Trauer ihren Weg aus dem Schmerz hinaus in einen neuen Anfang finden. Wir brauchen diese Tuchfühlung von Schmerz, Leid und Trauer, um neuen

Boden zu gewinnen. In freiem Fall, verstoßen aus der einstigen Gegenwart, die nun unsere Vergangenheit ist, der wir uns stellen müssen auf eine Zukunft hin, die dann unsere Gegenwart sein wird.

Letztes Jahr um diese Zeit trug ich auf meinen täglichen Wegen von der Herbststraße zu Dir ins AKH dasselbe anthrazitfarbene Leinenkleid wie heute. Voller Sorge war ich da, voller Angst um Dein Befinden, Deine Zukunft und stets bereit, Dir, dem Kranken, dem Leidenden, neue Hoffnung, Ermunterung, Zuversicht zu schenken. Diese Gedanken gehen mir durch den Kopf auf dem Weg zur Straßenbahn Nummer 5, zu einem Gastvortrag, den Dein Vater organisiert hat.

Mein Leben nach Deinem Tod ist ein anderes: Nun gehe ich mit meiner Zeit um, wie ich es will. Manchmal brauche ich Stunden, bis ich aus dem Haus gehen kann. Ich tändele, tüttele, laufe sinnlose Wege durch unsere Wohnung und bin doch dabei zufrieden. Ich lasse mich treiben, so oft es geht, bei Hitze sowieso. Ob ich male oder nicht, das entscheide ich allein. Manchmal geht es ganz einfach nicht. Ich habe gelernt, das zu akzeptieren, besser als jemals zuvor. So habe ich momentan jeglichen Druck von mir genommen, aber auch das ist ein laufender Prozess. Mein Ziel ist ganz klar: Kräfte gewinnen, Energien ansammeln. Meine Zukunft wird kommen und dafür will ich fit sein!

Ich weiß weder, wo Du bist, noch kenne ich die Umstände Deines Daseins, aber ich weiß, dass ich Dich liebe, für das, wer oder wie Du bist, und ich wünsche Dir das Allerbeste auf Deinem Weg.

In Liebe,
Deine Mutter

Woche 43 – Es fällt mir schwer, mich preiszugeben

13. Juli 2012

Mein lieber Sohn,
43 Wochen. Heute Morgen, noch vor der großen Hitze, haben Dein Vater und ich den roten Travertin-Grabstein bestellt. Es wird auch einst der meine sein, der von Deinem Vater und wahrscheinlich der von Deiner Großmutter. Dein Vater und ich gaben die Schablone ab, auf der wir die Maße eingetragen und den Durchbruch aufgezeichnet hatten, und damit fällt auch mir ein Stein vom Herzen. Während ich schreibe, ist Dein Vater zu mir an den Schreibtisch getreten und hat mir einen Kuss gegeben. Er schickt Dir auch ganz liebe Grüße, sagt er und Du sollst wissen, dass er ganz viel an Dich denkt!

Wir waren ein paar Tage in Oxford auf einer Konferenz. Obwohl ich die meisten der Teilnehmer seit vielen Jahren kenne, mit einigen sogar befreundet bin, fühle ich mich in Gesellschaft nicht recht wohl. Es gibt so vieles, was ich sagen kann und es dann auch tue und so manches davon ist vielleicht unpassend oder unangemessen, unklug oder unvorsichtig. Wie schnell komme ich bei einem sympathischen Gegenüber in einen Redefluss, der mir hinterher unangenehm ist. Es fällt mir immer noch schwer, mich „preiszugeben", wegen der „Bewertung", die bei anderen über mich stattfinden könnte. Dabei kann es mir doch wirklich egal sein, was sie von mir denken! Reisen mit Deinem Vater ist ein Genuss. Wir sind ein gutes Team, so, wie wir das zu dritt auch immer waren. Mit dieser Reise legten wir das Fundament für unsere Zukunft. Gemeinsame Reisen, gemeinsame Zeit. Miteinander, zu zweit – mit Dir im Herzen.

Zurzeit male ich sehr viel. Dabei wird mir klar, dass ich nichts so sicher in meinem derzeitigen Leben weiß, als wie ich Farben neben Farben setze, um deren Farbklang am

Gaumen ganz knackig zu schmecken. Das ist meine Welt: Pastellstifte auf Reispapier – das trägt mich gen Himmel, in die Nähe zu Dir!

In Liebe,
Deine Mutter

Ich führ mein Leben
ohne Teil zu sein,
gestalte Schönheit,
die mich nicht erfüllt.

Gestrandet, ausgesetzt,
verlassen steh ich hier
und bin doch froh,
Teil dieser Welt zu sein.

Woche 46 – Das hätte Dir auch gefallen

3. August 2012

Mein lieber Sohn,
46 Wochen und immer noch weine ich oft. Ich weiß, dass diese Tränen daran nichts ändern werden, dass Du von dieser Erde entschwunden bist, aber es sind meine Tränen, die mir den Druck des Schmerzes auf meinem Herzen erleichtern. In

all den Wochen und Monaten bislang hat sich das Gefühl des Verlustes nicht verändert. Bei bestimmten Geräuschen in der Wohnung blicke ich auf, um zu sehen, ob Du um die Ecke des Flurs gelaufen kommst, Dein helles Lächeln im Gesicht und in Deinen blitzenden Augen. Im selben Moment weiß ich schon, dass das nie mehr geschehen wird, dass das alles nur noch in meiner Erinnerung stattfinden kann, dass diese Erinnerungen der Vergangenheit angehören. Es ist vorbei! Aber ehrlich, mein Sohn, in meiner Liebe zu Dir wird die Vergangenheit auch in meiner Gegenwart leben. Dein Vater und ich leben weiter nach der Devise: „Few things matter very much and most things don't matter at all." (Arthur Balfour)

Nach einer zehntägigen Reise nach Portugal sind Dein Vater und ich wieder in der Herbststraße angekommen, unserem Ruhepol. Es ist Sommer. Vor unseren Fenstern tobt das Leben und ich erinnere mich, wie Du so oft an diesen drei Fenstern des Halbrundes unseres Wohnzimmer standest und das Geschehen auf der Kreuzung davor beobachtet hast. Gerade in den Zeiten, als Du von der Sauerstoffflasche abhängig warst und nur selten nach draußen gehen konntest, war das einer der wenigen lustvollen Bezüge zur Außenwelt für Dich.

Unsere Reise nach Portugal stand unter dem Motto: „Das hätte unserem Sohn auch gefallen!" Das sagte Dein Vater, als wir mit der Straßenbahn die sieben Hügel der „Weißen Stadt" hinauf und hinunter ratterten, als wir die Schifffahrt entlang der Küste vor der Stadt unternahmen, und ich sagte es an einem Abend, während wir in dem Restaurant am Aussichtspunkt des „Marques de Pombal" bei einer Flasche Mateus saßen und die schwarzen Schwäne, die Enten mit ihren Jungen und die Tauben beobachteten, die sich im Teich vergnügten, und wir sagten es am Meer, mit dem Wind auf der Haut, der die Sonne in sich trägt und das Salz des Meeres, der den Duft der Dünenkräuter und der Schalentiere in sich vereinte. Ich stellte mir vor, wie es gewesen wäre, wenn Du, während ich in einem Strandcafé meinen morgendlichen Café genoss, beim Schwimmen weiter unten am Strand mit den anderen jungen Männern und Frauen gewesen wärst, in die Wellen gesprungen oder mit einem Surfbrett ausgerüstet Dein Gesicht in den Wind hieltest und Dein Lachen zu mir herübergeweht wäre ... Geschimpft hättest Du mit mir, als ich mir die Zehe so böse im Bus angeschlagen habe, als ich mich durch Lissabon kutschieren ließ, sodass sie blau wurde und ich kaum noch laufen konnte; ein Bluterguss, wie so oft, wenn ich nicht konzentriert bei der Sache bin. Ich bin aus der Zeit geworfen und in meinen eigenen Ozean der Stille und Kontemplation eingetaucht. Der Tod eines geliebten Menschen wiegt schwer auf denen, die ihn liebten. So ist das nun eben, es ist das Vorrecht der Liebenden zu trauern, dem kann man sich nicht entziehen.

In Liebe,
Deine Mutter

Woche 47 – Quality-Time

10. August 2012

Mein lieber Sohn,
47 Wochen sind seit Deinem Tod vergangen. Ich denke viel und oft an Dich, auch heute. Vielleicht habe ich mir deshalb eine Auszeit genommen, um in der schützenden Atmosphäre

meines Bettes still meinen Gedanken an Dich nachhängen zu können. Wie viel ist mir doch von Dir geblieben! Ganze Schätze an Erinnerungen, Gesprächssequenzen, Bilder gemeinsam verbrachter Zeit. Heutzutage nennen die Manager und Sprachgewaltigen das Quality-Time, wenn man bewusst Zeit miteinander verbringt, sich aufeinander einlässt, sich zuhört und sich ernst nimmt. Wir beide – was sage ich – wir drei haben sehr viel, fast ausschließlich Quality-Time miteinander verlebt. Das hilft mir jetzt in meiner Trauer um Dich, hält Dich in meinem Herzen lebendig. Trotzdem stand ich mit Deinem Vater am Grab und das Herz schlug schwer in meiner Brust. Er und ich hielten uns an den Händen und wir versuchten zu begreifen, was unser Verstand seit 47 Wochen weiß. Doch das Herz geht seine eigenen Wege. Es hofft und liebt und bangt und sehnt und hört auf nichts und niemanden als auf sich selbst.

Es ist kühler geworden in Wien. Nun suche ich wieder die Sonnenseite der Straße bei meinen Gängen nach draußen. Es ist ein Wetter, wie es Dir immer gut gefallen hat: sonnig, warm, trocken, aber nicht zu heiß. Wie gerne würde ich mit Dir auf einen Spaziergang in den Wienerwald gehen! Ich erinnere mich, wie Du auf Deinem ersten Spaziergang nach der Lungentransplantation mit genügend Luft in der Lunge in Schneeberg in den Wald tratest und ausriefst: „Ich wusste gar nicht mehr, wie schön die Natur ist.“ Doch noch auf diesem Spaziergang, nur kurz nach diesem Ausruf, begannen die ersten Schmerzen am Fuß. So wurde das Verhängnis eingeläutet, doch wir ahnten nichts davon.

Lebe in Frieden und Ruhe,
Deine Mutter

In Angesicht des Todes

Ein Mensch, der mit der Diagnose einer unheilbaren Krankheit wie Mukoviszidose konfrontiert wurde, lebt sein Leben auch im Hinblick auf sein konkretes Lebensende. Zumindest ab dem Zeitpunkt, wenn sein Körper ihm immer neue Forderungen auferlegt und der Alltag sich immer schwieriger gestaltet. Wenn die Körperpflege mehr und mehr von Dritten übernommen werden muss und Nahrungsaufnahme zur quälenden Aufgabe wird. Er sieht sich selbst bei seinem eigenen körperlichen Verfall zu, und das meist schon als junger Mensch. Oft sind nur temporäre Verbesserungen mit viel Aufwand möglich, wie Medikamente, Operationen, Krankenhausaufenthalte, künstlicher Sauerstoff … doch sie werden gefeiert wie Siege im Kampf um das Leben. Jeder Tag, jede Stunde zählt. Doch nach jedem Sieg wartet eine weitere Verschlechterung des Zustandes, die die vorangegangenen Bemühungen oft wieder aufhebt. Dabei ist eigentlich immer nur eines gewiss: dass der Kampf am Ende ein Kampf bleibt, da es keine Heilung gibt.

Solches Wissen und die tägliche Erfahrung damit prägen einen Menschen. Diese Art zu leben ist sehr speziell und macht die Betroffenen wählerisch. Sie wägen ab, mit wem und womit sie ihre verbleibende Zeit verbringen. Sie fragen sich: Mit wem kann ich reden, ohne das klebrige Gefühl des Mitleids ertragen zu müssen oder die Angst vor dem Tod in den Augen des Gegenübers zu sehen? Nichts ist weniger hilfreich wie Aussagen von Außenstehenden wie etwa: Ich könnte es nicht ertragen, wenn ich Mukoviszidose hätte … Die Betroffenen haben sich ihre Krankheit nicht ausgesucht, sie ist ein Teil von ihnen, dem sie nicht entrinnen können. Ihnen bleibt nichts anderes übrig, als sich damit auf bestmögliche Art und Weise zu arrangieren. Das ablehnende

Verhalten eines Menschen, der sich verhält, als könne er vom Gendefekt eines Dritten angesteckt werden, oder überhaupt mit Kranken und Behinderten in Kontakt zu kommen, als seien sie die personifizierten Boten des Todes, ist ohne Mitgefühl, Einfühlungsvermögen und warme Anteilnahme. Sie reißen eine Kluft mit ihrem Auftreten, die einmal aufgerissen, nur schwer zu überbrücken ist. Oft schließt sich ein inneres Fenster bei den Betroffenen und sie sehen sich einmal mehr vom normalen Leben ausgegrenzt.

Und trotzdem diese strahlenden Augen und das Lächeln im Gesicht meines Sohnes. Die Freude an den kleinen Dingen, die sich an die zur Verfügung stehenden Kräfte und Möglichkeiten und den Radius anpasste, der ihm zur Verfügung stand.

... eine Snooker-Weltmeisterschaft in Sheffield, wo ein „Century“ gespielt wurde,

... eine Formel 1-Saison, in der der Favorit ein junger Deutscher war, der aus einem Nachbarort seines einstigen Wohnsitzes bei Heidelberg stammte,

... eine köstliche Pizza vom Vater gebacken, wo schon der würzige Duft aus dem Backofen eine Gaumenfreude verheißt, verzehrt am Familien-Esstisch in trauter Gemeinsamkeit,

... ein gutes Buch, meist ein fesselnder Thriller oder eine kritische Schrift über Gott und den Glauben, was oft zu heftigen und temperamentvollen Diskussionen mit seinem Vater und Freund Gerhard führte,

... die Zukunftspläne, die er hegte. Von der Lehrausbildung als Mechatroniker und das Studium der Medienwissenschaften, beides musste er abbrechen, bis hin zu den Plänen, Busse zu fahren, und dem in den letzten Monaten begonnenen Krankenhaus-Krimi.

Woche 48 – Die Nähe ist geblieben

17. August 2012

Mein lieber Sohn,
eine Woche reiht sich an die andere und mein Kalender sagt mir, dass bereits 48 Wochen seit Deinem Tod vergangen sind. Die Zeit in der gelebten Realität tickt weiter und doch ist sie in einer Ecke meines Herzens stehen geblieben. In dieser Parallelwelt lebt die Erinnerung an Dich und immer wieder spüre ich meine Liebe zu Dir in mir aufsteigen. Die Nähe, unsere Nähe ist mir geblieben, trotz Deiner Nicht-Anwesenheit. Bei dem Besuch Deines Grabes vor ein paar Tagen fanden wir ein Geschenk für Dich niedergelegt: ein kleines Bäumchen aus Metallfäden gebunden, an denen, Ästen gleich, kleine Halbedelsteinblätter hingen. Ein liebevoller Mensch hat es Dir wohl gebracht, ich weiß nicht, wer es war. Dass ich es nicht weiß, freut mich auf eine delikate Art und Weise. Ein Freund oder eine Freundin von Dir – wie schön!

In ein paar Tagen fliegen Dein Vater und ich nach Nepal, das Land Deiner Kindheit. Wir werden dort gemeinsame Freunde treffen und altbekannte Orte besuchen. Wir werden dort Deiner gedenken und auf alte Wege uns begeben. Doch werden wir nicht bei Freunden wohnen, wir haben uns für ein Hotel entschieden, zum ersten Mal, seit wir 1993 von Kathmandu wegzogen. So können Dein Vater und ich uns zurückziehen und unsere Privatsphäre bewahren. Und natürlich auch ein wenig Luxus genießen, ohne darum bitten zu müssen. Auch Binu, unsere Pflegetochter und Deine Freundin, werden wir treffen. Ich bin sehr gespannt, wie sie ihr neues Leben eingerichtet hat.

In Liebe, Deine Mutter

Woche 49 – Kathmandu, Stätte deiner Kindheit

24. August 2012

Mein lieber Sohn,
heute Nacht war ein Erdbeben. Vielleicht konnte ich deswegen nicht schlafen! Mein Herz klopfte schnell und ich fragte mich: warum wohl? Doch nun denke ich, dass meine Intuition mich warnen wollte, aber ich zu müde war, um es zu realisieren. Dein Vater und ich sind nun in Kathmandu, der Stätte Deiner Kindheit und unsere Wahlheimat. Wir fuhren an Deiner ehemaligen Schule vorbei, der „British Primary School", doch sie ist umgezogen und der Ort als solcher nicht mehr zu erkennen. Jetzt ist dort irgendein „Office", ein Büro, untergebracht. Der Garten wirkt ungepflegt, unübersichtlich und heruntergekommen. Hier hast Du einst Englisch gelernt, die gesamte Grundschulzeit hast Du hier verbracht.

Du lerntest Deinen ersten Freund Harry in Deiner Klasse kennen. Nach dem zweiten Schuljahr schickten seine Eltern ihn zurück nach England auf ein Internat, während sie weiterhin in Kathmandu blieben. Er wollte nicht gehen, aber seine Eltern bestanden darauf. Unter Tränen fragtest Du mich damals auf der Heimfahrt von der Schule, ob Dein Vater und ich dasselbe mit Dir planten. Doch diese Sorge konnte ich Dir schnell abnehmen. Das würden Dein Vater und ich nur tun, wenn Du es wolltest. Niemals jedoch gegen Deinen Willen.

Jeden Freitagmittag gab es eine Aufführung auf der schuleigenen Bühne. Alle Kinder der verschiedenen Klassen führten ein kleines Theaterstück in selbst genähten Kostümen auf, trugen Gedichte vor oder sangen Lieder. Du standest immer inmitten Deiner Klasse, etwas lampenfiebrig und mit leuchtenden Augen. Meist hattest Du nur wenig Text vorzutragen, eine Zeile oder zwei. Aber ich sah Dir an, wie ernst Du diese Auftritte nahmst.

Ich bin mir nicht sicher, ob Dir Kathmandu noch gefallen würde, jetzt meine ich. Diese feuchte Hitze, die vielen verschiedenen Insekten, der Lärm und der Gestank auf den Straßen und die Enge und Dichte der abgehalfterten Autos, Motorräder, Fahrräder, Gemüsekarren, Tempos und was es sonst noch so gibt und sich auf Rädern bewegt. Sie machen das Sich-Fortbewegen zu einer Aufgabe, der man sich mit Aufmerksamkeit und Zuversicht widmen muss. Sitzt man im Taxi, braucht es Geduld.

49 Wochen. Wir wohnen im Hotel Summit, im ersten Stock – eine Balustrade führt an den Zimmern vorbei und bietet so während des Tages Schatten. Der Blick fällt auf den Garten im Zentrum der Anlage. Er ist nicht besonders groß, dafür anmutig angelegt. Mit altem Baumbestand, eindrucksvoll in ihrem ausgeprägten Wuchs, dazwischen weit geschwungene Blumenrabatte, die an diesem Morgen die Regentropfen glitzern lassen auf ihren mit einer ihnen eigenen Wachsschicht bezogenen Blättern. Alle einheimische Pflanzen und mir wohl vertraut. Das heftige Gewitter der vergangenen Nacht hat mit seinem Regenguss die Luft im Tal reingewaschen und nun lässt es sich wieder atmen. Es ist immer noch Monsunzeit und während ich diese Zeilen schreibe, setzt der Regen über diesem Gartenstück wieder ein und meine Träumereien tragen mich davon.

In Liebe,
Deine Mutter

Sehnsucht verschlingt
Freude am Dasein,
Tränen löschen das Licht,
darin mein Lächeln versinkt.

Gebt mir ein Streichholz,
die Hoffnung zu entzünden,
ein Funke genügt
und der Tag ist gerettet.

Woche 50 – Alte Freunde

31. August 2012

Mein lieber Sohn,
50 Wochen sind vergangen, seit Du entschlafen bist. Ein Herz hat aufgehört zu schlagen, eine Lunge, die nicht mehr Sauerstoff aufnimmt, ein Augenpaar, das nicht mehr blitzt und blinkt vor Schalk und Freude, ein Lächeln, das nicht mehr um gelöste Lippen spielt, ein Dasein, dessen Wesen nicht mehr die Welt erhellt. Ein Leben – vergangen. Ein Leben, das Spuren hinterlassen hat, vielleicht ohne große Denkmäler, doch in den Herzen vieler Menschen bleibt es als etwas Besonderes erhalten. Freunde aus Kathmandu erinnern sich an Dich.

Kiran, der das Nepal-Papier herstellt, auf dem ich male, erinnert sich daran, während er mich in seinem Wagen zu seiner Papierfabrik bringt, wie Du an den Wochenenden immer besonders lang geschlafen hast und Dir dann in einem runden Korb das Frühstück von der Küche im Erdgeschoß in Dein Zimmer im zweiten Stock hinaufgezogen hast.

Sulo, meine ehemalige Geschäftspartnerin aus Teppichzeiten, erinnert sich an den freundlichen, zuvorkommenden, gut aussehenden jungen Mann, der im Jahre 2006 ein Praktikum in ihrer Internetfirma in Kathmandu absolviert hat.

Binu hat vieles, an das sie sich erinnern kann. Sie lernte Dich kennen, als Du drei Jahre alt warst. Du warst 25 Jahre alt, als Du mit ihr eine vierwöchige Reise nach Italien unternahmst. Vier Wochen im Auto unterwegs. Nach Venedig und Rom seid ihr gefahren, habt Sehenswürdigkeiten und Campingplätze gemeinsam erlebt, Hotels und Kirchen, Museen, Plätze, Cafés und Restaurants. Dann wieder Wien unter Schnee, Binus ersten Schnee überhaupt. Mit ihr weine ich zusammen um Dich im Garten unseres Hotels. Unter dem Gesang der Vögel erzähle ich ihr von Dir, von Deinem Wunsch um den bestimmten Grabstein, meinen wöchentlichen Briefen an Dich, den Schmerz des Verlustes. Binu sagt mir, ihr Vater hätte gesagt: „Warum weint ihr um ihn, wir müssen doch alle einmal den gleichen Weg gehen." Leicht gesagt.

Die Vögel im Hotelgarten zwitschern miteinander um die Wette. Der Morgen beginnt verhalten, wie er sich aus dem Regen der Nacht herausschält und über die Dichtheit der Monsunwolken sich erhebt. Mir ist jeder Morgen recht! Jeder ist auf seine eigene Art und Weise reizvoll. Auch so ein kristallener, funkelnder Morgen wie gestern, an dem die gesamte Kette des Himalaya sich nackt und bloß dem Betrachter darbot, auch das hat natürlich seinen ganz besonderen Reiz. Egal wie oft ich diesen Anblick in den vergangenen Jahrzehnten schon sehen durfte, er ist immer wieder wie ein Schock. Die Schönheit dieser weißen Bergriesen, die den Himmel zu durchbohren scheinen, lässt mir immer noch den Atem stocken.

Zwei Stunden später liegen die Monsunwolken wie ein Schleier über dem Tal, der Blick reicht nur noch bis zur Stadt herab, alles andere ist unter einer dicken Nebeldecke verschwunden. Nur der Garten liegt vor mir, satt in seinem feuchten Grün, mit einzelnen versprengten orange-gelben Tupfern der Cannablüten und der Kapuzinerkresse, dem kräftigen Rosé des Hibiskus und der Oleanderblüten und dem Violett der Bougainvillea. Über all dem das Gezirpe der Vögel. Die Kanarienvögel scheinen mir besonders kommunikativ zu sein – sie sitzen in großen Gruppen in den hohen Bäumen, da sie ausreichend Platz benötigen für ihre langen Schwanzfedern.

Hier in Kathmandu erinnert mich alles an Dich. Wir treffen viele alte Freunde, die es nicht wagen, Deinen Tod direkt anzusprechen oder Deinen Namen zu nennen. Nur indirekt sagen sie uns, dass sie „es wüssten", dass sie „davon gehört hätten – ganz Kathmandu würde davon reden". Ich lasse mich darauf nicht ein, denn ich bin von den Bildern und Erinnerungen, die mich hier an jeder Straßenecke überfallen, so stark gefordert, dass es mir nur recht ist, nicht erzählen zu müssen. Es ist ein Auf und Ab der Gefühle bei mir, der Neuorientierung, des Besinnens, des Loslassens. Anstrengend und vertraut zugleich. Ich fühle mich wie eine Außenseiterin, die dazugehört, und wie eine Dazugehörige, die außen vor ist – und das beides zur gleichen Zeit.

Das Summit-Hotel als Oase, als Fluchtpunkt, als ein Stück geborgtes Zuhause. Das Summit als Rückzugsort, Schutzraum, doch auch als Quelle der Inspiration durch seine wohltemperierte Ästhetik und Gepflegtheit. Ich hätte nie gedacht, dass mir ein Hotel so viel geben kann. Hier finde ich wieder zu mir nach den aufreibenden Stunden in der staubigen Stadt, zwischen den stinkenden Taxis, den Einkäufen und Besuchen. Viele Male werde ich gefragt, ob ich Kinder habe. Es ist dies die altbekannte, obligatorische Frage, auf die es für mich nur eine Antwort gibt: Ja, aber mein Sohn ist verstorben: Mero chora marisakyo. Noch kann ich diesen Satz nicht ohne Tränen in den Augen sagen. So ist das nun mal. Ob es irgendwann eine Zeit geben wird, in der ich das ohne zu weinen formulieren werde? Ich kann es mir nicht vorstellen.

In Liebe,
Deine Mutter

Inmitten einer Zahl von lieben Freunden
ging ich den schmalen Weg entlang zu seinem Grab.
Bevor wir still vor jenem Stein versammelt standen,
geformt nach seinem Plan, den er vor langer Zeit uns gab.

Das Weiß und Gold der mitgebrachten Blüten
verband sich mit dem Kerzenlicht zu hellem Schein.
Er ist nicht länger unter uns,
und wir versuchen, zu verstehen, was das heißt.

Doch ist das nur zur Hälfte wahr. Er ist nicht gänzlich von uns fortgegangen –
Denn Teil von allem ist er doch geblieben.
Er bleibt bei uns, solange wir noch leben
und atmen, an ihn denken – und ihn lieben.

Woche 51 – Ein perfekter Moment

7. September 2012

Mein lieber Sohn,
am Morgen nach dem Aufwachen bewege ich mich vom Bett direkt auf den geschwungenen Korbsessel vor unserem Zimmer, hinaus auf die Balustrade mit Blick in den Garten. Dein Vater hat Tee organisiert. Der Monsunregen schickt sanfte Tropfen und setzt dann mit einem Mal, wie auf einen Schlag und mit viel Getöse in seiner vollen Kraft ein. Wie eine graue Wand ergießt sich das Wasser vor meinen Blicken. Wir schweigen und genießen die Ruhe um den Regen herum ebenso wie die Gesellschaft des anderen und den Tee. Ein perfekter Moment.

51 Wochen, fast ein Jahr, sind nun vergangen. Dein Vater und ich fahren mit dem Taxi nach Boudha zur heiligen Stupa. Wir umrunden sie und entzünden eine große Butterlampe für Dich und senden Dir unsere Liebe und den immerwährenden Wunsch, Du mögest in Frieden ruhen. Der Duft des Wacholderopfers auf dem Vorplatz durchdringt die Luft, während die Tibeter ihre Mantras beten. Vor der Stupa steht ein junger Mönch mit zarten Gesichtszügen in demütiger Bettelhaltung, ihm gibt Dein Vater in Deinem Gedenken ein großzügiges Opfer.

In Liebe,
Deine Mutter

Kathmandu in der Regenzeit,
verstopfte Straßen
der Verkehr noch dichter,
die Luft noch staubiger als die Jahre zuvor.
Die Menschen wuseln wie eh und jeh,
im Hotel springende Monsunwürmer,
wie Blutegel sehen sie aus.

Bedeckter Himmel,
feucht-schwüle Luft,
die Krähen bestimmen das Geschehen im Garten,
die Grillen sorgen für die Hintergrundmusik.
Milchtee zur Begrüßung.

Erst als der Himmel zu Mittag
sich eine graue Decke überzieht
entspannen sich meine Augen.
Sie sind noch erschöpft
von einer schlaflosen Nacht
in Flugzeugen und Transit verbracht.

Woche 52 – Ein Jahr ist um

14. September 2012

Mein lieber Sohn,
voller Schwere und Melancholie bin ich heute und möchte am liebsten nur im Bett liegen und lesen und träumen. Es ist der Hunger, der mich immer wieder aus meiner Bett-Oase

treibt, mein Leib schreit nach Nahrung, nach Leben, nach Genuss!

52 Wochen soll es nun her sein, dass Du nicht mehr bei uns bist! In der Nacht zum 16. September 2011, morgens um 3.30 Uhr erhielten Dein Vater und ich einen Anruf aus der Intensivstation, dass irgendetwas nicht mit Dir stimme. Es müssten Untersuchungen gemacht werden, um zu klären, was los ist. Es dauerte dann noch bis zum Vormittag desselben Tages, bis alle Untersuchungen abgeschlossen waren und Du für hirntot erklärt wurdest. Dein Körper wurde von der Herz-Lungen-Maschine bewegt, doch Dein Geist weilte nicht mehr darin. Deine Seele hatte sich irgendwann in den Stunden zwischen Nacht und Morgengrauen auf den Weg gemacht.

Was ist ein Jahr und was bedeutet das? Ach, ich weiß es nicht. Schon allein der Gedanke daran, dass die Endgültigkeit Deines Nicht-mehr-Hierseins sich in den Zeitmaßen von Stunden, Tagen, Wochen, Monaten und nun auch Jahren misst, macht mein Herz noch schwerer. Ich vermisse Dich. Dein liebevolles Wesen in meiner Nähe weder zu beobachten noch es zu spüren, zu sehen, zu hören – ist mit nichts, rein gar nichts aufzuwiegen oder auszugleichen. Es hilft nichts, Dein Vater und ich leben trotzdem weiter. Jeden Tag brennt die Kerze für Dich am Abend, während die Erinnerung und die Gedanken an Dich beständig in unseren Herzen sind. Du bist ein Teil von uns dreien, wie wir es immer waren, seit ich Dich empfing. So wird es auch bleiben.

In Liebe,
Deine Mutter

Woche 52 – Was bleibt, ist Dankbarkeit

16. September 2012

Mein lieber Sohn,

ein Jahr ist vergangen, seit Du entschliefst.
Ein Jahr ohne Dich in unserer Mitte.
Ein Jahr in Gedenken an Dich.
Ein Jahr mit Dir im Herzen.
Ein Jahr in der Erinnerung.
Ein Jahr.
Jeden Tag.
Immerzu.

Ein Gang in den Wienerwald. Still zumeist, in Gedanken versunken, setzen Dein Vater und ich Tritt für Tritt auf den feuchten Waldboden. Den Blick gesenkt, weichen wir Wurzeln und Steinen aus, heben den Blick zum Himmel, sobald wir Lichtungen erreichen und auf Anhöhen verschnaufen. „Ich hatte ganz vergessen, wie schön die Natur ist", so sagtest Du auf Deinem ersten und letzten Spaziergang nach der Lungentransplantation, als wir durch den Wienerwald an anderer Stelle marschierten. Wie veränderte die Krankheit Dich eigentlich? Du, der Du als Junge so gerne schwimmen gingst, Tennis spieltest, wandern gingst, Fahrrad fuhrst und dem die Kraft dafür schon vor vielen Jahren entschwunden war, weil der Sauerstoff die Lungen nicht mehr erreichte und der Körper zu schwach geworden war? Wie viel anders hätte Dein Leben ohne Mukoviszidose ausgesehen? Welche Lebensziele hättest Du verfolgt, welchen Beruf, welche Ausbildung eingeschlagen? Welche Freunde hättest Du gefunden, welche Mädchen und Frauen geliebt? Hättest Du Familie, Kinder haben wollen? Oder wärst Du überzeugter Single geblieben? Es wäre schön gewesen für mich, als

Mutter, dies erleben zu dürfen. Diese scheinbare Normalität zu beobachten, diesen für andere natürlichen Gang des Lebens zu begleiten und dabei selbst zu altern. Wäre auch mein Leben und das Leben Deines Vaters ein anderes gewesen? Wären wir leichtfertiger und oberflächlicher, extrovertierter und lebenslustiger geworden?

Es gibt keine Antworten auf diese Fragen. Es ist überflüssig und sinnlos, sich darüber Gedanken zu machen. Während Dein Vater und ich bergauf, bergab laufen an diesem milden, sonnigen Spätsommertag, wird mir irgendwann klar, dass es kein anderes Leben für mich gibt als dieses eine, jetzige. Und diese Liebe, diese Liebe zu Dir, meinem Sohn, bleibt dabei unveränderbar, unberührt.

So oder so, die Liebe ist das Fundament. Was bleibt, ist die Dankbarkeit und immer wieder diese Dankbarkeit für diese Liebe, diesen Menschen, dieses Leben, dieses Schicksal. Nein, ich wollte mit keinem anderen Menschen das Leben tauschen. Mit niemandem.

In Liebe,
Deine Mutter

Ein Jahr
ist vergangen
seit Du entschliefst.

Ein Jahr ohne Dich
in unserer Mitte,
an unserem Tisch
in unserer Nähe.

Ein Jahr
in Gedenken an Dich.

Ein Jahr mit Dir
in unseren Herzen.

Ein Jahr
der Erinnerung.

Ein Jahr.

Jeden Tag.

Immerzu.

Trauer als Separation

Die Erfahrung, das eigene Kind an den Tod zu verlieren, separiert für immer von anderen Menschen. Nach dem ersten Schock der erlittenen Niederlage, die der Tod nun einmal ist, tritt die Rationalität des Geistes in Kraft, die uns zwingt, den Fakten ins Auge zu sehen und den Kampf gegen die Krankheit aufzugeben. Das trifft uns mit voller Wucht und entwurzelt uns. Solch ein Erleben macht einsam.

Wie soll ein Außenstehender diesen zerreißenden Zwiespalt verstehen, dem Eltern eines Kindes mit einer unheilbaren Krankheit wie Mukoviszidose Tag und Nacht ausgesetzt sind? Es ist schwer, die Höhen und Tiefen eines solchen Lebensweges, die im Laufe und im Prozess einer fortschreitenden Krankheit erfahren werden, mit anderen Eltern, den Eltern von gesunden Kindern, zu teilen.

Das Sehnen nach Normalität im Alltag und dessen ruhiger und gleichmäßiger Ablauf, den es für diese Kinder und ihre Eltern nicht gibt. Sie sind Tag und Nacht bereit zu verhindern, dass eine aufkeimende Erkältung nicht in eine Lungenentzündung und damit einen erneuten Krankenhausaufenthalt ausartet. Sie entwickeln Strategien der Prophylaxe, sie behüten, was nicht zu behüten ist. Sie können es so oft nicht vermeiden, was nicht zu vermeiden ist. Trotzdem kämpfen sie weiter.

Wie selten finden sie Menschen, mit denen sie über die Endlichkeit des Lebens reden können und die Angst vor dem sich nähernden Tod. Ganz besonders, wenn die vorherrschende christliche Religion nicht geteilt wird und man sich in größerem philosophischen Rahmen gedanklich bewegt. Eltern, die selbst die innigsten Momente mit ihrem Kind im klaren Bewusstsein genießen und ihn zu bewahren suchen, weil sie wissen, dass dies der letzte Moment der Gemeinsamkeit gewesen sein könnte. Sie erreichen das ausschließlich durch die volle Hingabe ans Hier und Jetzt, an den Augenblick, während die restliche Welt an Bedeutung verliert: ein Atemzug, ein tiefer Blick, ein Verstehen von Herz zu Herz, und sie sich auf die Reise begeben in die Unendlichkeit, von der dieser Augenblick auch zu kommen scheint.

Dieser Spagat, die Hingabe an das Erleben des Augenblicks in vollem Bewusstsein und gleichzeitig das Wissen darum, dass schon morgen das Kind sterben könnte, ist eine schier übermenschliche Leistung, die Eltern von Kindern mit unheilbaren Krankheiten Tag für Tag und Nacht für Nacht leisten, meistens über Jahre hinweg. Dabei schaffen sie es, die Hoffnung auf Verbesserung des Gesundheitszustandes und sogar auf ein plötzlich eintretendes Wunder niemals aufzugeben. Gelegentlich erfasst sie eine Ahnung, dass es mehr gibt, viel mehr, als in einem einzigen Menschenleben erfasst werden kann. Sie haben nichts zu verlieren in dieser Situation, so vieles scheint möglich, auch wenn sie es nicht erklären können. Dann vergeht dieser Moment und sie fühlen sich bereichert. Wieder eine Perle aufgefädelt in der Kette ihrer Erfahrungen.

Woche 57 – Gedenktag

21. Oktober 2012

Mein lieber Sohn,
heute ist Dein Gedenktag. Vor etwas mehr als einem Jahr fand die Trauerfeier für Dich statt. Ein Jahr ist vergangen, das sogenannte Trauerjahr ist vorüber. Ob es für Deinen Vater und mich wohl je ein Ende der Trauer geben wird?

Zu diesem Gedenken luden wir Karin und Eli ein, uns zu begleiten. Du mochtest doch die beiden so sehr! Wir trafen uns mit ihnen vor der Kapelle, in der am 17. Oktober letztes Jahr die Trauerfeier stattfand. Gemeinsam gingen wir dann das kurze Stück zu Deinem Grab. Das Denkmal für Dich, der rote Travertinstein, ist an seinem Platz, blaue Winterastern und Violen sind auf dem Stückchen Erde davor gepflanzt. Dein Vater und ich brachten Dir eine Grabkerze, Karin und Eli zwei Töpfe mit Chrysanthemen. Karin hatte mauvefarbene Blüten, Eli gelbe für Dich gewählt. Wir gruben sie so halb in die Erde ein und ich bin mir sicher, dass Sie Dir gefallen.

Zwischen langen Minuten des Schweigens philosophierte Karin über den Grabstein, sie nennt ihn Wunderstein, den Du Dir gewünscht hast: die schwarze Kugel als Symbol für die Endlosigkeit, die Erde, Werden und Vergehen in der Farbe, in der alle anderen Farben enthalten sind.

Den Durchbruch durch den Stein, in dem die Kugel ruht, deutete Karin als Symbol für die andere Wirklichkeit, die Ewigkeit, die Realm, in der die verstorbenen Seelen sich aufhalten und auf ihre Wiedergeburt warten. Eine Öffnung, die es Dir ermöglicht, für Momente uns Hinterbliebenen, die wir Dich lieben, nahe zu sein. Aber auch eine Öffnung für uns Hinterbliebenen, zu Dir zu gelangen mit unserer Liebe.

Karin sagte auch, während sie mich in ihren Armen hielt, dass von Dir ein Zauber ausging, den sie bereits bei Eurer ersten Begegnung wahrgenommen hätte. Ein zauberhaftes Wesen, Du, mein Sohn. So bleibst Du und bist Du in unseren Herzen, in unserer Erinnerung.

Dann brachen wir auf zu einem kleinen Spaziergang durch den Wienerwald und endlich hatte sich auch die Sonne einen Weg durch die dichten Wolken des Tages gebahnt, das wollten wir nutzen. Doch irgendwie verliefen wir uns. Aus einem kleinen Gang durch die Natur wurde eine lange Tour auf nassem Waldboden. Wir rutschten auf feuchtem Herbstlaub, das die Wege bestreut hatte, einem bunten, fröhlichen Teppich gleich. Es ging Abhänge hinunter und die nächste Anhöhe hinauf. Wir waren in einer besonders getragenen Stimmung, so wurde uns nicht bang. Dunkelheit breitete sich aus, bis wir schließlich die Eselsstiege fanden, die uns geradewegs zum Restaurant am Wilhelminenberg führte, wo wir mit Blick über die Stadt Wien ein Festmahl genossen. Bei feinen Speisen und einem köstlichen Wein waren wir vier uns einig, dass Du, mein Sohn, Dein Vergnügen an unserem Gerutsche und Geklettere gehabt hättest, und so erhoben wir das Glas und tranken auf Dich, dort, in dieser anderen Ebene.

Mögest Du in Frieden ruhen.

In Liebe,
Deine Mutter

Ein leuchtendes Strahlen
mein Dasein,
wäre da nicht meine Trauer,
die es verschluckt.

Ein strahlender Glanz
über meinen Gedanken,
wäre da nicht
die Erinnerung an Dich.

Aber dann wird mir klar –
das Leuchten bist Du,
der Glanz kommt von Dir,
die Erinnerung mein Glück.

Ohne Dich
wäre mein Leben belanglos und arm,
ohne Dich gäb's keine Farben und das Wissen
um Tiefe und Sinn wär' dahin.

Denn Du gabst mir Antworten
auf viele ungestellte Fragen,
deren Sinn mir sich erst
über die Jahre enthüllt.

Woche 61 – Das hättest Du gesagt

16. November 2012

Mein lieber Sternensohn,
Hauben, Mützen, Hüte, Kappen – dicke Mäntel, Tücher, Schals ... es herrscht wieder dieses nasskalte Wetter, das Du stets gefürchtet hast. Auch ich lasse das Wetter heute vor meiner Türe und genieße die wohlige Wärme meines Zimmers.

Dein Vater und ich leben nun also zu zweit seit Deinem Tod. Wir beziehen uns aufeinander, doch der Dritte im Bunde, Du, fehlt. Immer wieder haben wir das unbedingte Gefühl, dass Du trotz Deiner Abwesenheit nicht fern von uns bist. Meistens wissen wir bei einem Tun oder Lassen, was Du genau in diesem Moment sagen würdest, wärest Du hier, und nicht selten schauen Dein Vater und ich einander in die Augen und einer von uns beginnt dann den Satz: „Der Tilman hätte jetzt so und so gesagt ..."

Dein Vater hat in Deinem einstigen Zimmer für mich ein Malzimmer gezaubert und meine Pastellbilder an die frisch gestrichenen Wände gehängt. Wie viel Mühe er sich damit gemacht hat ist kaum zu glauben! Er hat die Abstände zwischen den einzelnen Bildern mit der Gesamtlänge der Wand abgestimmt, dann die Höhe für alle Bilder gleich ausgerichtet. Es hat sehr lange gedauert, bis er all die Bilder aufgehängt hatte, und plötzlich war es wie Magie: Der Raum ist nun wieder freundlich, einladend und anmutig. Nun bin ich ruhig und zufrieden wie schon lange nicht mehr. Auch Dein Vater, das kann ich sehen und spüren. Natürlich haben wir Dein Foto, das große, das auf der Verabschiedung am Friedhof vor uns Trauernden stand, wieder auf seinen alten Platz gehängt. Nun schaust Du mir bei der Arbeit zu und gibst mir Impulse und Inspiration. Danke.

In Liebe, Deine Mutter

Woche 62 – Mein guter Stern

23. November 2012

Mein lieber Sternensohn,
das Jahr neigt sich dem Ende zu und ich nutze die Gelegenheit und räume im Keller auf. Der Staub und der Dreck unseres Umzuges vor drei Jahren liegt noch auf den Kisten, es war einfach keine Zeit bislang. Es ist schwierig, die Kisten mit Deinen alten Kinderspielsachen, vor allem die Lego-Technic-Autos herzugeben. Aber ich kann nicht jedes Mal, wenn ich im Keller etwas suche, heulend vor diesen Kisten stehen. Also schaffe ich sie hoch in die Garage und dort treffe ich, was für ein Zufall, einen netten türki-

schen Handwerker, der mir behilflich ist beim Tragen. Ich frage ihn, ob er Kinder hat, und er sagt: Ja, einen Sohn. Es stellt sich heraus, dass sein Sohn circa zehn Jahre alt ist und vermutlich Freude an den Sachen hätte. Ich zeige dem Mann, dass sämtliche Bauanleitungen vorhanden und alle Autos komplett sind. Er kann sein Glück kaum fassen, als ich ihm die Kisten schenke. Zufällig hat er auch genug Platz in seinem Kastenwagen, um alles mit nach Hause zu nehmen. Ich bin erleichtert und ich hoffe sehr, dass Du es auch bist. Nach dieser Aktion bin ich total erschöpft und lege mich ins Bett und lese.

Immer wieder empfinde ich nun Freude. Sie glimmt leise in mir auf beim Malen, beim Sport, im Zusammensein mit Deinem Vater, beim Schreiben. Das ist neu und sehr aufregend und irgendwie auch eine große Erleichterung. Gestern begann ich ein Bild zu malen. „Bliss“ nannte ich es. Glückseligkeit, Glück, Seligkeit – das war auch das Leben mit Dir. In diesem Zustand ist alles möglich. Auch die Zukunft, gerade die, und die Erfüllung all meiner Lebensträume. Immer wieder denke ich, dass die Kraft dazu auch und gerade von Dir kommt, auch aus der Zeit mit Dir. Der Liebe zu Dir. Du, mein Stern, mein guter Stern, mein Sternensohn.

In Liebe, Deine Mutter

Woche 63 – Auf Kur

30. November 2012

Mein lieber Sternensohn,
„ein Genesungsaufenthalt ist keine Kur“, erfahre ich von der Ärztin im ersten Gespräch. Es stehen mir nicht viele Anwendungen zu und auch nicht jeden Tag, die von der Krankenkasse übernommen werden. Okay, sage ich mir. So sind mir doch zumindest viel freie Zeit, gutes Essen, ein geräumiges Hotelzimmer mit Badewanne und die schöne Natur vor der Haustüre beschert worden. Ich bin auf Kur, wie Du siehst, es hat also doch noch in diesem Jahr geklappt. Ich kann nach der Halux-Operation ja noch immer nicht wieder richtig gehen, daher soll mein Bewegungsapparat gezielt behandelt werden. Mein Schlaf ist auch noch gebrochen, jede Nacht gegen drei Uhr erwache ich, zur Zeit des Anrufs aus der Intensivstation.

Nun habe ich Zeit für mich und werde umsorgt. Ich habe meine Farbstifte und Papier dabei, aber ich möchte nun nicht ans Produzieren denken, sondern den Kopf freibekommen, in die Natur gehen und mich fallen lassen. Mehr nicht. Ein Zimmer mit Ausblick und Badewanne hoch in den Wolken am Neusiedler See im Burgenland. Ein großes Bett, in das ich mich kuscheln kann, und einen Schreibtisch. Was will ich mehr!

Schon nach kurzer Zeit frage ich mich, wie die Zeit vergeht und wohin. Kaum bin ich aufgestanden, ist es auch schon wieder dunkel. Ein Kneipp-Aufguss von Schwester Elisabeth und danach wieder hinlegen, das sagt der Herr Kneipp ganz ausdrücklich. Ich höre auf meinen Körper, was zu tun ist oder auch gerade nicht. Eine wichtige Lektion, die ich seit Jahren versuche zu lernen und die mir immer noch so schwerfällt. Meine Kreativität hat sich in mich zurückgezogen und schafft Raum zur Erholung und um neue Kraft zu schöpfen. Ich fühle meine Energien sich sammeln und anreichern. Ein gutes Gefühl. Ich freue mich darüber.

Tischnachbarn sind ein ganz eigenes Thema bei einem Kuraufenthalt. Das ist mir schon bei meiner ersten Kur aufgefallen. Es gibt Menschen, die meinen, sie hätten ein Recht darauf, Tischgenossen bei einem Gespräch auszuhorchen. So erging es mir heute, nachdem die Tischbelegung mir zwei ältere Damen zugewiesen hatte. Eindringlich stellten sie mir Fragen und ließen nicht ab nachzubohren, wenn ich nur zögerlich oder unvollständig Auskunft gab. Sie ließen nicht von mir ab, es schien, als wäre ich ein interessantes Objekt für die beiden, vielleicht gerade weil ich nichts von mir preisgab. Nach Tisch bat ich darum, einen Einzeltisch zu bekommen, da ich in Trauer sei und nicht viel reden wolle. Das wurde verstanden und nun sitze ich zwei Tische weiter – allein.

In Liebe,
Deine Mutter

Woche 64 – In mir ist es leicht und hell

7. Dezember 2012

Mein lieber Sternensohn,
das Wetter ist herrlich. Ich unternehme lange Gänge durch die Weinberge im knisternden Sonnenlicht. Von der Anhöhe sehe ich den Schneeberg weiß gepudert auf den Neusiedler See blicken, bevor er hinter Dunstwolken verschwindet. Meine Lungen haben sich an die Kälte gewöhnt und warm in mehrere Schichten Outdoor-Kleidung gepackt, friere ich nicht.

Schritt für Schritt setzen meine Füße sicher auf dem Weg auf, den ich beschreite. Das Gesicht glüht, die Haut spannt in Wonne.

Nun bin ich bereits zwei Wochen hier in Marienkron und trotz der ausgedehnten Bewegung, dem Laufen mit den Stöcken, habe ich noch kein Gramm abgenommen. Dafür ist das regelmäßige und ausgiebige Essen wahrscheinlich der Hauptgrund. Unverändert ist mein Bauch, seine gewölbte Form, die Speckfalten an Rücken und Brust. Aber ich bin ja nicht zum Abnehmen gekommen, sondern zum Erholen.

Neue Energien kommen auf. Das Fotografieren hat mich wieder gepackt. Auf meinen Gängen durch die Natur begegne ich immer wieder Zeichen einer menschlichen Hand, die mir den Blick versüßen und mich bereichern. Ich sammle diese Blicke, die eine mir fremde Person, eine Künstlerin oder ein Künstler, hinterlassen hat. Ich selbst verspüre kein Bedürfnis, in die Natur, auch nicht verschönernd, einzugreifen. Trotzdem habe ich Freude daran, wenn andere es tun.

In mir ist es leicht und hell geworden. Ich passe mich fließend den täglich wechselnden Rhythmen an, horche in mich hinein, was ich tun möchte, wie viel mein Körper leisten möchte und kann. Ich nehme mir auch Ruhetage und trinke einen Kaffee, während ich in der Tageszeitung lese. Wie viel Zeit doch bleibt, wenn alle Pflichten von mir genommen sind.

Es ist für alles gesorgt, um nichts muss ich mich kümmern.

Einatmen. Durchatmen. Ausatmen.

Es geht um mich.

Jetzt.

Der Augenblick.

Ich entscheide, was damit zu tun ist.

Ich bin auf einem guten Weg. Meinem Weg.

Das macht mich glücklich und zufrieden.

Auf meinen Wegen unter der Sonne des Himmels bin ich Dir nahe und sende meine Liebe gen Himmel. Diese Liebe geht über den Tod hinaus, sie umfasst Dich, um sich erneut dem Leben hinzugeben. Du, mein Stern. Wir werden uns gewiss wiedersehen.

In Liebe,
Deine Mutter

Woche 65 – Ich bin schon reich beschenkt

14. Dezember 2012

Mein lieber Sternensohn,
ein melancholischer Tag heute. Schwester Elisabeth, die Kneipp-Nonne, nennt mich einen Engel und sofort beginne ich zu weinen und denke an Dich.

Vor meinem Panoramafenster sammeln sich Scharen von rufenden Vögeln im Nonnenpark und erfüllen den Himmel vor meinem Balkon. Das Leben liegt vor mir und wird sich entfalten. Meine Träume, Wünsche und Ziele schwingen in meinem Bewusstsein bei jedem Schritt, den ich setze. Ich werde sehen, welche Schätze das Leben noch für mich bereithält, welche Wunder, welche Fügungen. Doch selbst wenn nichts mehr kommen sollte, bin ich schon reich beschenkt. Die größten Güter wurden mir zuteil, irdische wie göttliche. Ich möchte mit niemandem tauschen.

Ich ziehe meine Spuren durch den Wald. Der Schnee schafft eine gedämpfte Ruhe und Stille. Das rötliche Abendlicht lässt die Bäume und Büsche erstrahlen und verzaubert sie für ein paar magische Momente. So bin ich denn Teil von dieser Verzauberung. Eine prickelnde Wärme durchfließt mich trotz der eisigen Temperaturen. Ich bin ein Teil von diesem Erdenleben, wie ich ein Teil des Lebens bin, und habe meinen Platz in diesem Dasein. Ein tröstlicher Gedanke. Ich genieße diese Zeit der inneren Einkehr, des Rückzugs. Der Sturz in die Tiefe hat ein Ende gefunden. Aufgeschlagen ohne Knall und Getöse und liegen geblieben bin ich, ein langes Jahr hindurch. Der Aufruhr legt sich, die Sicht wird langsam wieder klar. Nun finde ich langsam zu mir. Atme. Schlage die Augen auf und besinne mich. Ich nehme den Faden meines eigenen Lebens wieder auf. Tatsächlich, das Leben geht weiter, obwohl das Unfassbare geschehen ist. Ein Leben ohne Dich, mein Sternensohn, in unserer Mitte. Dein Sternendasein ist wieder mal ein Geschenk für mich. Es gibt keine Endgültigkeit in diesen Belangen. Du bist und bleibst ein Teil von mir und Deinem Vater. Immer.

In Liebe,
Deine Mutter

Wunden lecken, wenn sie aufbrechen.
Hinwendung zum Schmerz.
Aufmerksamkeit nach innen.
Die Seele will Aufschub.
Der Drang ins Leben abgebremst.
Innehalten. Durchatmen. Loslassen.

Nichts ist wichtig.
Nichts muss getan werden.
Der Augenblick ist da, dicht und schwer.
Die Trauer ist immer noch ein Teil von mir.
Innehalten. Durchatmen. Loslassen.

Trauerprozess

Mit Blick auf den leuchtenden Vogel vor meinem Fenster hebt sich meine Brust zu einem tiefen Seufzer. Er ist so klein und wirkt so zart trotz oder gerade wegen seinem schillernden Gefieder.

Auch ich fühle mich manchmal klein angesichts der großen Fragen und Herausforderungen des Lebens. Das Dasein wirft viele Fragen auf, dessen Antworten nur wieder neue Fragen aufwerfen und mir oft nur Vagheiten wie Krücken durch den Tag helfen. Ich trage nicht das türkisfarbene Federkleid des Eisvogels, der sich nun vom Begrenzungspfosten des unter Wasser stehenden Feldes in Süd-Goa erhebt, um an mir vorüber auf das fedrige Blatt einer Kokospalme zu fliegen. Mein Schillern ist unsichtbar in meinem Innern verborgen.

Das Reden und die Freude am Reden gehen mir seit dem Tod meines Sohnes ab. Das Reden um des Redens Willen, die Freude am spielerischen Wortgeplänkel, in dem Worte nicht ihrer Bedeutung wegen gewählt und abgewogen werden, sondern einem Spiel gleich in den Raum geworfen und dem Gegenüber das Stichwort bieten, das zu ergreifen er oder sie an der Reihe ist. Wenn es weniger um Sinn, sondern um Austausch geht, um das Füllen des Raumes, der sonst still und leer daläge und vermutlich ein unkomfortables Gefühl auslösen würde, und der Überwindung von freier Zeit dient in der Abwesenheit von anderen Plänen. Immer wieder, immer noch, scheue ich wie ein Fohlen vor lauten Menschen zurück. Das wiehernde Lachen an einem voll besetzten Frühstückstisch auf einer Urlaubsreise, das erregte Schnauben beim Austausch von Banalitäten, das imposante Zähneblecken am Abend in großer Runde. Voller

Unbehagen stelle ich fest, dass ich für die soziale Normalität nicht tauge, und ein gedanklicher Abgrund tut sich vor mir auf, der mich trennt von dem, was für die meisten Menschen um mich herum Realität ist. Dann wird mir klar, dass ich auf der anderen Seite des Lebens stehe und zum Ufer hinüberblicke, wo diese Normalität stattfindet. Ich gehöre nicht mehr dazu. Doch hier, auf meiner Seite, finde ich die Ruhe, die ich suche. Finde ich den Kreis der wenigen Menschen, die ich ausgewählt habe und denen ich mich nahe fühle. Diejenigen, die ich zu verstehen suche und die das auch bei mir tun.

Trauer macht einsam. Nur mein Lebenspartner, der Vater meines Sohnes, mit dem ich diese Zeit der Trauer durchlebe, nur er weiß, fühlt und versteht wie ich. Diese Gemeinsamkeit gibt uns am Ende jedes einzelnen Tages die Kraft, den nächsten Tag zu erwarten. Sich jeden Tag aufs Neue dem Leben zu öffnen und hier am Rande der Zeit und am Rande des Geschehens unsere eigene Wirklichkeit zu entfalten.

In dieser Wirklichkeit reisen wir an Orte und Plätze in den Ländern, die mit unserem Sohn in Verbindung stehen. Nach Kathmandu in Nepal, wo wir fast zehn Jahre lebten und er zur Schule ging; nach Goa, wo wir einige Male ans Meer gingen und wo er das warme Meer und das gute Essen genoss; nach Kroatien, Grado in Italien, nach Schneeberg und in die Bucklige Welt in Österreich. In dieser Wirklichkeit bereiten wir die Speisen zu, die er gerne aß, und backen Pizza mit Artischocken und Anchovis, fertigen Maisfladen, die wir mit gewürfelten Tomaten, Paprika, Zwiebeln und einer Hackfleischsoße füllen, die mit einer fertigen Taco-Gewürzmischung verfeinert ist, rollen Sushis auf kleinen Bambusmatten und braten uns saftige Rindersteaks, obwohl wir auf Fleisch eigentlich verzichten wollten. In dieser Wirklichkeit schmücken wir sein Grab mit Blumen und stellen brennende Kerzen neben dem Grabstein auf, die durch die dunklen Nächte leuchten, so wie es auf vielen anderen

Gräbern auch geschieht, deren Hinterbliebene den gleichen Gefühlen ausgesetzt sind wie wir. Die auch erfahren haben, dass das Leben für jeden von uns endlich ist.

Traum vom Loslassen

20. Dezember 2012

Ich träume von Wasser. Ich sitze in einem Zug, der anstatt auf Schienen durch das Flusswasser rast. Unterirdisch. Während er vor sich das Wasser zerteilt, schlägt es über seinem Dach zusammen. Es ist eine gewaltige Kraft am Wirken und mir ist klar, dass Gefahr für mich droht, denn der Zug beschleunigt sein Tempo stetig. Mit einem lauten Schlag stürzt er dann auch von den Gleisen herunter und fährt in die Unendlichkeit des Meeres hinein. Wir Fahrgäste schwimmen nun im Wasser, mein blauer Samtmantel treibt neben mir, das stelle ich erleichtert fest. Nun müssen wir alle irgendwie zur Wasseroberfläche gelangen. Ich blicke mich um und entdecke meinen Sohn. Er ist nackt und schwimmt mit sicheren, kräftigen Zügen dem Licht entgegen. Um ihn brauche ich mir also keine Sorgen zu machen.

Woche 66 – Er ist okay …

24. Dezember 2012

Mein lieber Sternensohn,
„Er ist okay“, sagt Dein Vater in die andächtige Stille hinein, als wir am Nachmittag vor Deinem Grab stehen, denn die Krähen hatten wieder einmal auf dem Friedhofsgelände gewütet. Aus den Grabstätten in Deiner Nachbarschaft hatten sie zuvor mit ihren langen Schnäbeln Winterpflanzen aus der Erde gerupft und die so freigelegten Wurzelballen nach Essbarem durchsucht. Sogar das kleine Glastürchen neben Deinem Grabstein, in das Dein Vater und ich die brennende Grabkerze stellen, war vor ihnen nicht sicher. Geöffnet hatten sie es, aber sie kamen nicht an die Kerze heran. Erst als wir die fast erfrorenen Erika-Pflanzen wieder in die Erde zurück eingegraben hatten und ein neues Licht entzündet war, legte sich meine innere Empörung wieder. Du hättest vermutlich nur den Kopf geschüttelt und darüber gelacht, so dachte ich mir wenigstens.

„Er ist okay“, sagt Dein Vater in diese Stille hinein und er meint vielleicht Dein Grab, das nun wieder hergerichtet ist, während ich das mitgebrachte Weihnachtsgesteck auspacke und auf die schwarze Erde lege. Vielleicht meint er aber auch den Travertin-Wunder-Stein, der nach dem vorangegangenen Schneeregen wie frisch gewaschen leuchtet, selbst in dem ausgeschnittenen Quadrat, aus dem nun aller Steinstaub verschwunden ist.

„Er ist okay“ bedeutet jedoch in diesem Moment für mich, dass es Dir gut geht, da, wo Du nun gerade bist, und Dein Vater und ich senden Dir unsere übersprudelnde Liebe genau da hin: wo auch immer Du bist, immerfort, jeder von uns beiden auf seine eigene Weise. Und so wie ich Deinen Vater kenne, denkt er im Moment das Gleiche wie ich: „Er ist okay.“

In Liebe, Deine Mutter

Woche 67 – Im Ozean der Zeit

28. Dezember 2012

Mein lieber Sternensohn,
die zweite Weihnachtszeit ohne Dich. Dein Vater und ich nutzen diese besondere Zeit zwischen den Jahren und schließen die Welt, so gut es geht, aus unserer Oase aus. Wir lassen uns treiben in unserem Ozean der Zeit, lassen uns treiben und die Seele baumeln. Während ich im Bett lese, zeigt mir ein Blick aus meinem Fenster, wie die webpelzdichte Gräue über die Dächer der gegenüberliegenden Häuser herabgleitet. Die Feuchtigkeit nässt die Straße wie Regen, dabei fällt kein einziger Tropfen. Trotzdem schützen sich die wenigen Passanten mit Regenschirmen und dicken Mänteln. Es ist ein Tag heute, der durch keine einzige Lichtmodulation seine Tageszeit preisgibt. Der Grauton umhüllt die gleitenden Tageszeiten vom Erwachen des Tages bis zu seiner Dämmerung, bis er dann in die Dunkelheit hineinkippt. Aus meinem warmen Bett heraus genieße ich diese feuchte Ungastlichkeit vor meinem Fenster umso mehr, als mir Paul Klee seine Gedanken über das bildnerische Denken in den Seiten meines Buches enthüllt, das mir Dein Vater zu Weihnachten geschenkt hat.

In Liebe,
Deine Mutter

Woche 68 – Werden und Sterben

4. Jänner 2013

Mein lieber Sternensohn,
wie gut ich doch in Form war, bevor ich auf Kur ging. Heute nehme ich meine sportliche Betätigung bei Mrs. Sporty wieder auf, doch der Einstieg ist hart. Ich zähle jedes Gerät in jeder der drei Runden und quäle mich bis zum Ende durch. Aber mein Wille steht fest, ich will bis Anfang Juni drei Kilo abnehmen, das sollte doch zu schaffen sein!

Dein Vater und ich sind zum Jahreswechsel für ein paar Tage nach Prag gefahren. Unter einem grandiosen Abendhimmel in Eisblau, Eisgrün, Pink und Graublau fuhren wir über die Autobahn hinein ins Herz von Prag. Dein Vater hatte ein komfortables Hotelzimmer gebucht, das nahezu im Zentrum lag. Ziemlich schnell wurde uns auf unserem ersten Abendspaziergang zum Wenzelsplatz klar, dass wir die Sprache nicht verstanden und auch in keiner Weise entschlüsseln konnten. Und vor lauter Hunger landeten wir dann auch gleich in einem Touristenrestaurant. Der Türpage war als Pirat verkleidet, das hätte uns warnen müssen. Aber der Hunger blendete meine Sicht und ich war so froh, dass wir den letzten freien Tisch ergatterten. Noch während wir uns hungrig über Pizza (Dein Vater) und Gnocchi (ich) hermachten, war mir klar, dass wir wohl niemals mehr in diesem Leben am Wenzelsplatz essen gehen würden.

Tags darauf der lange Spaziergang durch die Altstadt zur Moldau hin, über die berühmte Karlsbrücke bis zum Kafka-Museum und wieder zurück. Dein Vater sagt ja immer wieder, dass man sich eine Stadt erlaufen müsse, und genau das haben wir getan.

Dann, am 31. Dezember, Dein Geburtstag. 29 Jahre alt wärst Du geworden. Vor 29 Jahren war Deine Geburt. Als Dein Vater mich in unserem alten, weißen VW damals zum

Heidelberger Krankenhausportal gefahren hatte, fuhr genau in dem Moment ein Leichenwagen aus der Tiefgarage heraus. Werden und Sterben. Geburt und Tod. So ist das nun mal im Leben.

Den ganzen Tag über war mein Herz schwer, schon vor dem Erwachen war es schwer geworden, an diesem Deinem Geburtstag. Immer wieder schweiften unsere Gedanken zu Dir, „Weißt du noch?", sagte einer von uns beiden und der andere führte die angesprochene Anekdote aus Deinem Leben zu Ende. „Weißt Du noch?", fragen Dein Vater und ich einander und zeichnen Bilder Deines Lebens nach und halten die Erinnerung lebendig, ein großes und unstillbares Bedürfnis für uns. „Weißt du noch?" Oh, ja! Ich kann mich noch gut erinnern!

Den Abend verbrachten wir im Club Radost. Wir nahmen teil am Silvesterbuffet und tanzten mit vielen jungen Leuten, alle aufgeputzt und schrill geschminkt, zu DJ-Live-Musik in zigarettenverpesteter Luft. Dein Vater und ich suchen neue Wege, wie wir diesen besonderen Tag, Deinen Geburtstag und auch die Silvesternacht, begehen können. Gegen Mitternacht wurde es in diesem angesagten Club ziemlich voll und laut und am Ende warteten wir nur noch auf das Glas Sekt, um auf das Neue Jahr 2013 anstoßen zu können. Bald darauf gingen wir zurück ins Hotel, das nur wenige Meter entfernt lag. Aber in Wahrheit war ich froh, als diese Silvesternacht vorbei war. Die Melancholie ist den ganzen Tag, die ganze Nacht nicht gewichen, wie sollte ich da unbeschwert feiern? Und ehrlich gesagt, noch bin ich nicht so weit, dass ich überhaupt unbeschwert feiern möchte. Noch vermisse ich Dich viel zu sehr. Noch nicht. Noch. Nicht.

Mit schweren Gliedern bewegten wir uns am nächsten Morgen den Berg Mala Strana hinauf. Die Sonne schien verheißungsvoll, ein leichter Wind blies in der Höhe. Wir erholten uns von der lauten Club-Musik, Zigarettenqualm und dem Miteinander von vielen, vielen Menschen. Die Brücken und Straßen waren überfüllt mit Menschen, doch Dein kluger Vater navigierte uns immer wieder in ruhige Ecken und Cafés, so konnten wir immer wieder ausruhen. Oben, am Berg von Mala Strana, verbrannten wir unseren Küchenkalender von 2012, unser jährlich wiederkehrendes Ritual, hinter einer Mauer mit Blick über Prag und die Moldau. Das Feuerzeug hatten wir gestern noch auf dem Weg ins Radost besorgt – wir waren gut gerüstet. Ein gutes Omen, so hoffe ich.

In Liebe,
Deine Mutter

Woche 69 – Im Einklang mit der Welt

11. Jänner 2013

Mein lieber Sternensohn,
ich suche Rhythmen und baue mir damit ein Gerüst, auf dem ich durch die Woche turne und sowohl Fitness, Gesundheit als auch die Malerei und das Schreiben unterbringen kann. Das neue Papierformat von circa 50 x 80 Zentimetern auf dem Nepalpapier ist super, wenn es auch viel an Ausdauer und Disziplin verlangt. Ich suche noch immer nach den idealen Komponenten bei meiner Kunst, daher die Bestellung neuer Pastellstifte in den USA und der Veränderung der Größe bei den Quadraten. Es ist ein immerwährendes Suchen und Finden und Suchen und Finden und wieder Suchen. Die Veränderung und die Weiterentwicklung ist

die einzige Konstante in diesem Dasein und ich weiß, dass ich mich darüber freuen sollte. „Ozean der Träume" ist ein Meilenstein in meiner Malerei. Ich bin glücklich bei der Arbeit und glücklich bei der Fertigstellung. Ich fühle mich wie eine Architektin, die es schafft, ihre Gefühle sichtbar zu machen. Um nichts anderes geht es mir schließlich bei meiner Malerei, als um das Sichtbarmachen von Gefühlen, Intuitionen, Träumen. Und Du, mein lieber Sternensohn, wachst über mich und meine Arbeit in diesem Raum, der erfüllt ist von Dir und in dem ich mich so im Einklang mit der Welt fühle, dass ich es kaum beschreiben kann. Ich danke Dir!

In Liebe,
Deine Mutter

Woche 70 – Das neue Leben

18. Jänner 2013

Mein lieber Sternensohn,
drinnen sitzen und hinausblicken, das hätte Dir auch gefallen! Wie oft in den letzten beiden Wintern Deines Lebens hast Du genau das getan: bist in unserer warmen Wohnung gesessen und hast durch eines der zehn Fenster hinaus auf die Herbststraße oder die Koppstraße geblickt. Auf eine Spenderlunge wartend, hast Du auf ein neues Leben gehofft. So wie ich jetzt in meiner Bettoase liege und durch das Fenster auf den zwischen den Astgabeln aufgetürmten Schnee der Platane blicke, die mich so liebevoll vor den

Blicken der Nachbarn schützt. Die stilvollen Blaugraus des Wintergeästes mit Neuschnee könnten Grundlage der nächsten Modekollektionen werden, so edel und minimalistisch sind sie und geben doch einen schmeichelnden Kontrast ab.

Das neue Leben war Dir nicht vergönnt, doch ich lebe weiter. Warum, das weiß ich nicht. Weiß nicht, warum die einen früh sterben, obgleich sie so gerne leben würden, und die anderen alt und gebrechlich werden und nicht sterben dürfen, wo sie es doch so gerne täten. Ich für meinen Teil bin weder alt noch jung und erlebe jeden Tag und jede Nacht bewusst und mit Freude und Dankbarkeit. Nun, da ich erlebte, dass von einem Augenblick zum nächsten alles Leben entschwinden kann, aus und vorbei. Diese Erfahrung hilft mir, meinen Blick wach und klar nach vorne zu richten, den Moment, jeden einzelnen Moment, wieder und wieder aufs Neue zu schätzen.

Ich bin privilegiert und weiß das auch. Fleißig arbeite ich, doch nicht weil ich das muss, sondern weil ich es will. Ein neues Pastellbild, „Geäst", habe ich heute Morgen begonnen. Das Feuer flackert und lodert schon bald. Das erste Farbfeld angesetzt, schon prickelt es in meinem Bauch, als stiegen Champagnerperlen darin auf. Kaum ist die erste Farbreihe gesetzt, wächst das Charakterfundament des Bildes und ich beginne zu ahnen, auf was ich mich mit diesem Bild wohl einlassen werde. Aber es gibt immer wieder Überraschungen während der Arbeit, so wie jedes Bild etwas Einzigartiges ist, das Erschaffen eines Farbspiegels. Und so bin ich froh, in Ruhe arbeiten zu können und nichts und niemand mich stört. Versunken in Quellennähe, zeitlos, alterslos, endlos.

Ich weiß, dass Du mich verstehen kannst.

In Liebe,
Deine Mutter

Wenn die Schatten fallen,
fällt auch die Last
des Tages von mir ab.
Die Pflichten rücken an den Rand –
für sie ist morgen Zeit genug.

Jetzt geht es um mich,
um die nächste Farbwahl,
das nächste Quadrat,
der nächste Schritt,
der nächste Moment.

Auf einmal ist alles vorbei.
Die Farben ziehen sich ins Papier zurück.
Sie entziehen sich und gehen schlafen.
Morgen ist auch noch ein Tag.

Woche 71 – Gesten der Sehnsucht

25. Jänner 2013

Mein lieber Sternensohn,
ich kaufe immer noch für Dich ein: Braeburn-Äpfel, wenn es keine Pink Lady gibt, Hackfleisch für die Soße, obwohl Dein Vater und ich ja eigentlich vegetarisch essen möchten. Wenn dann mein Blick zum Regal mit den kleinen Fertigmahlzeiten wandert, senkt sich enttäuscht mein Kopf. Du lebst nicht mehr, Du bist tot und ich habe es immer noch nicht ver-

innerlicht. Gelebte Irrationalität. Gesten der Sehnsucht, des Vermissens ... Dann könnte ich auf der Stelle losheulen, so heftig schießt mir der Schmerz vom Magen ins Herz, so wie damals, als meine Brüste noch Milch für Dich produzierten und nur beim Gedanken an Dich die Milch einschoss. Zähne zusammenbeißen, durchatmen, loslassen. Es geht Dir gut, dort, wo Du jetzt weilst. Mir bleibt nicht einmal der Wunsch, die Zeit zurückzudrehen, denn ich würde Dir damit keinen Gefallen tun.

Ein Teil von mir drängt nach vorne, ins Leben. Ich folge immer mehr meinen inneren Regungen und Windungen und setze meine Schritte auf den Pfad, den ich wirklich und ausdrücklich beschreiten möchte. Jetzt. Für die Zukunft. Meine eigene Zukunft. Ich bin selbst erstaunt über die Impulse, die aus mir strömen. Ich male „Geäst“, ein Diptychon. Es läuft mir so gut von der Hand: Woher weiß ich so sicher, wann ich es laufen lassen muss und wann ich mich fordernd konzentriere? Beim Malen entstehen die Texte im Kopf, die ich später schreibe, so wie ich beim Schreiben am Bild weiterdenke. Nicht vordergründig und störend, sondern in den hinteren Windungen meines Gehirns denkt es so vor sich hin und plötzlich stehen neue Ideen mir klar vor Augen. Mehr und mehr höre ich auf diese Impulse, Ideen, Anregungen, warum eigentlich auch nicht?! Trotzdem kommen auch immer wieder Zweifel in mir hoch. Ich frage mich, ob wohl jemals andere Menschen meine Bilder und Texte zu sehen bekommen. Will ich das überhaupt? Ich nehme mir viele Auszeiten. Ruhe tut gut. Wärme und Abgeschlossenheit auch.

In Liebe,
Deine Mutter

Gemeinsame Freude

Du, als Fünfjähriger an meiner Hand auf dem Stoffmarkt in der Altstadt von Kathmandu. Du wählst Dir verschiedene Stoffe aus, einfarbig rot und blau und bunt bedruckte. Aus den Einfarbigen schneidert Dir Deepak, der Schneider, der bei Bedarf für einen Tag zu uns ins Haus kommt, einen Batman-Anzug. Du sitzt mit ernster Miene bei ihm am langen Tisch und erklärst ihm genau, wie der Anzug auszusehen hat. Du wirst diesen Anzug anziehen und damit am nächsten Tag stolz in den Kindergarten gehen.

Du, auf der königsblauen Liege auf unserer kleinen Terrasse, einen Thriller von Stephen King in Händen haltend, während ich unseren Grillabend vorbereite. Ich blicke zu Dir hinüber, unsere Augen treffen sich. Wir grinsen beide breit. Ich, weil ich mich freue, dass Du heute Morgen aus dem Krankenhaus entlassen wurdest, und Du – vermutlich aus dem gleichen Grund.

Du, als Zweijähriger auf den Schultern Deines Vaters sitzend, reitet ihr durch unseren Garten in Tahachal, Kathmandu. Dein Jauchzen erfüllt die Luft, Deine blonden Locken fliegen um Deinen Kopf und Dein Vater strahlt vor Vergnügen.

Du, als Erwachsener im Winter in Wien. Dick eingepackt mit weißer Wollmütze und weißem Daunenanorak. Es schneit und Du kneifst die Augen zusammen. Wir sind auf dem Weihnachtsmarkt zwischen dem Kunsthistorischen Museum und dem Naturkundemuseum. Du hast einen Arm um Binu gelegt, die für drei Monate aus Kathmandu zu uns nach Wien auf Besuch gekommen ist. Es ist der erste Schneefall, den sie erlebt, denn in Kathmandu schneit es nicht, dort sind nur die Berge in der Ferne weiß. Du sammelst die Schneereste von den Buchshecken um Dich herum und formst sie zu einem kleinen Schneeball. Spielerisch wirfst Du ihn nach Binu. „Oh“, ruft sie überrascht, für sie ist das ein kleines Wunder, ein Ball aus Schnee. Da habt ihr beide wieder etwas zu lachen.

Du, unter dem Wasserfall bei Puchberg. Aufrecht posierst Du auf einem Stein neben der Felsspalte, wo sich das Wasser sammelt, für ein Foto. Du hast die Lungentransplantation überstanden. Dein neues Leben hat begonnen. Hier, auf unserem kleinen Urlaub in Puchberg am Schneeberg. Du blickst lächelnd in die Kamera, voller Freude auf die Zukunft.

Du, als Sechsjähriger, mit Vidshey, einem Deiner nepalesischen Freunde, wie ihr in Kathmandu einen ausrangierten Autoreifen durch den Garten rollt. Ich hatte es Euch zuvor verboten, aus Angst um die vielen neu gepflanzten Gerbera, Tagetes, Calendula und Mittagsblumen. Aber ich kann Euch von meinem Schreibtisch im Innern des Hauses aus lachen hören, während Ihr versucht, keinen Lärm zu machen, um nicht entdeckt zu werden. Etwas später trete ich vor die Tür, um meine Autorität zu wahren. Aber als ich euch beide mit den vom Reifenabrieb schwarzen Gesichtern sehe, muss auch ich lachen. Ab unter die Dusche, heißt nun die Devise und der Gärtner räumt die Reifen weit weg.

Du, als Achtjähriger, kommst von der Schule zurück. Dein Vater hat Dich mit dem Auto abgeholt, denn wir planen noch einen Ausflug am Nachmittag. Du reißt die scheppernde Wellblechtüre, die in unser Grundstück führt, auf und trittst mit einem Lachen im Gesicht auf mich zu. Du trägst ein hellbunt gemustertes Hemd und eine schwarzweiß-bunt gemusterte Hose mit Bundfalten. Ganz nach Deinem Geschmack bist Du gekleidet und es sieht unverschämt gut aus. Du hättest Designer werden sollen, bei Deinem Feingefühl für Farben.

Du …

Woche 72 – Briefe an Dich

3. Februar 2013

Mein lieber Sternensohn,
cut and paste und cut and paste und die Control-Umschalttaste und den Text im neuen Ordner einfügen. Das lerne ich zurzeit, das kann doch nicht so schwer sein! Ich arbeite einen Samstagnachmittag und den gesamten Sonntag an meinem Manuskript und am Sonntagabend beim letzten Click zu viel verschwindet das fertige Produkt in den Untiefen des Cyberspace und selbst Dein Vater kann es nicht mehr finden. Alles umsonst! Nochmals von vorne anfangen. Du hättest den Text sicher wieder gefunden, aber sicher ist auch, dass Du mindestens genauso sehr mit mir geschimpft hättest, dass ich mich am Computer so anstelle und immer wieder Hilfe brauche. Dabei hast Du mir stets willig und lächelnd geholfen, als Du noch bei uns warst, drüben in Deinem Zimmer, in dem nun die Farben auf mich warten.

Unter dem Schnee, der leise und sachte vom Himmel fällt, bahne ich mir tags darauf den Weg zu meinem Montagssport und freue mich über die winterliche Veränderung. Ich klage nicht über das Wetter wie die Menschen, mit denen ich ins Gespräch komme. Mir ist jedes Wetter recht, denn es macht keinen Unterschied für mich.

Ich schreibe mein erstes Exposé, mein erstes Anschreiben für einen Verlag. Mir ist es ernst, ich möchte meine Briefe an Dich veröffentlichen. Ich weiß, Du hast nichts dagegen. Als ich danach auf die Straße auf einen Kaffee gehe, löst sich der Schnee bereits auf und da ist Vorsicht geboten. Von Wiens Dächern stürzt nicht selten eine Eis-Schnee-Platte und schlägt auf den Gehwegen auf. Wer darunter gerät, mag wohl Sterne sehen.

Es erwischt mich tatsächlich, nur anders als befürchtet: Denn wieder einmal humple ich durch das Leben.

Nach einem langen Abend mit den Kollegen Deines Vaters und mit Mönchen aus Tibet, die ein Tanz-Ritual im Völkerkundemuseum darboten, schneidet ein dicker Mercedes uns den Weg auf dem Zebrastreifen ab. Dein Vater zieht mich gerade noch rechtzeitig zurück, doch ich rutsche auf dem Rollsplitt aus, der noch vom Schneefall übrig ist, und stürze zu Boden. Der Autofahrer ist zerknirscht und entschuldigt sich, ihm war klar, dass die Fußgänger „Grün" hatten, doch ich komme vor Schmerzen kaum wieder auf die Beine. Am Türgriff des Wagens ziehe ich mich wieder in die Höhe und Dein Vater hilft mir die restlichen Schritte nach Hause. Dort versorgt er mich liebevoll mit Eiskassetten aus dem Tiefkühlfach und Grappa aus Grado gegen den Schreck. Dazu zünden wir die weiße Kerze neben Deinem Foto an, denn wir haben das Gefühl, als hätte uns ein guter Geist gerade noch rechtzeitig das Schlimmste verhindern geholfen.

In Liebe,
Deine Mutter

Woche 73 – Mein innerer Kompass

10. Februar 2013

Mein lieber Sternensohn,
wieder liegt eine weiße Herrlichkeit vor meinen Fenstern. Die geplante Wanderung haben Dein Vater und ich leichtherzig in die Zukunft verschoben. Wieder ein Betttag, ein Ruhetag, ein Oasenleben mitten in Wien.

Am Morgen erwachte ich mit dem Gedanken, dass ich alt bin in den Augen junger Menschen. Ich selbst fühle mich wie immer, also jung, oder sagen wir zeitlos. Wo bin ich auf dem Weg stehen geblieben? Irgendwo in meinen Dreißigern. Noch habe ich Ziele, Sehnsüchte, Genüsse und ein unbestimmtes Gefühl, einem tief in meinem Innern verborgenen Ziel zu folgen. Ist das anmaßend? In meinem Alter ungewöhnlich? Kann sein. Doch ich folge meinem inneren Kompass und bin mir sicher, dass Du, mein Sternensohn, mich verstehst.

Es ist schwer, ein Spätzünder zu sein. Alles und jedes ist schon da gewesen und sowieso sind die jungen Leute klüger, besser, weiter, geschäftiger. Aber was solls, sage ich mir, meine Erfahrungen habe ich allein gesammelt und jedes Leben auf Erden ist einzigartig und ist es wert, erzählt zu werden. Also werde ich weiter meine Geschichte Dir erzählen, während ich auf die Pizza warte, die Dein Vater gerade in den Backofen schiebt.

Letzte Woche am Grab pickte Dein Vater die verdorrten Fichtennadeln aus den elfenbeinfarbenen Erika-Pflanzen. Die Krähen hatten zwei, drei der Bodendeckersetzlinge auf ihrer Futtersuche herausgerissen, doch die waren schnell wieder ins Erdreich eingedrückt. Dann stellte Dein Vater die neue Grabkerze in ihr Glaskästchen und wieder trat dieser Moment der Stille ein, in dem sein und mein Herz sich auf den Weg zu Dir machen und wir still und ruhig stehen. Du bist nicht mehr bei uns. Deine Asche liegt hier, unter diesem Stückchen Erde begraben. Dann legt Dein Vater seinen Arm um meine Schulter und wir schweigen. Wir wissen beide, dass wir Dir so am nächsten sind. In Stille vereint. So stehen wir da. Eine ganze lange Weile lang. Dann lässt die dunkle Schwere nach und wir gehen davon. Jeder in seine eigenen Gedanken vertieft.

In Liebe,
Deine Mutter

Ein dunkles Gelb zwischen den Zeilen
und Dein Gesicht
tanzt vor meinen Augen.
Die Farbstifte finden ihr Ziel
trotzdem oder gerade deswegen.

Dein wehendes Haar im Wind
der goldenen Herbstsonne
und meine Zunge schmeckt Grün,
sie will mehr davon.

Das Licht kommt hinzu, helles Gelb
und ich denke an Dich in Liebe.
Dein Glück in den Wind geschrien
nährt noch nach Jahrzehnten mein Herz.

Traum vom Zuhause

12. Februar 2013

Tilman weigert sich zu essen. Er will einfach nicht. Ich werde zuerst ärgerlich, dann böse. Ich schubse ihn sogar vor Wut. Dann habe ich plötzlich ein kleines Tier in der Hand, ein kleines Kätzchen, auch das will nicht essen. Was soll ich nur tun? Es wird sterben, wenn es nichts isst, und ich bin dafür verantwortlich! Ich fühle mich hilflos und überfordert. Eine solche Wut durchströmt mich, dass ich das Kätzchen auf den Boden werfe. Oder ist es nur ein angedeuteter Reflex in mir, dies tun zu wollen und ich halte im letzten Moment inne und lasse die Vernunft siegen?

Dann ziehen wir in ein neues Haus. Es wurde uns vererbt oder geschenkt und wir sind bereits übersiedelt, ohne das Haus zu kennen. Wir machen unseren ersten Rundgang. Das Haus hat einen Garten im Innenhof, der zugestellt ist mit Tischen und Bänken und Stühlen, wie ein Heuriger. Schon plane ich in Gedanken die notwendigen Veränderungen: Alles, bis auf einen urigen runden Gartentisch wird entsorgt. Die Pflanzen sind in einem guten Zustand, die Sträucher ordentlich zurückgeschnitten, einige seltene Heckenrosen sind darunter. Allerdings findet ein Nachbarsjunge, der unvermittelt aufgetaucht ist, im Gebüsch giftige Spinnen, die sich zur Vermehrung in einen schützenden weißen Kokon eingesponnen haben. Was soll ich nun damit machen? Zum Glück findet sich ein altes Einmachglas mit Deckel, wo ich sie erst mal deponieren kann.

Die Nachbarn sind freudig überrascht, dass wir so schnell eingezogen sind, offensichtlich lieben sie die Gemeinschaft. Der Junge führt uns zu unserem Keller. Der hat hohe Decken und ist mit Holz stabil und trocken ausgebaut. Die Kellerräume sind groß und während er uns führt, wird uns klar, dass das gesamte Dorf unterkellert ist. Ein Raum geht in den nächsten über und alle sind miteinander verbunden. Vieles steht leer, viel freie Fläche, wie breite Straßen oder kleine Plätze. Es gibt von hier aus Zugänge in jedes einzelne Haus vom Dorf und alle sind unverschlossen. Ich bin überrascht und irritiert, als mir klar wird, dass es hier keine Privatsphäre gibt und auch nie geben wird, denn sämtliche Türen im Dorf tragen keine Schlösser und können somit auch nicht abgeschlossen werden. Scheinbar dürfen sie das auch nicht, aber ich kann den genannten Grund nicht verstehen.

Im Schlafzimmer unseres Hauses rede ich später mit meinem Mann darüber. Während dem Gespräch fällt mein Blick aus dem Fenster auf eine Baumkrone im Garten. Sie ist noch unbelaubt vom Winter. In den Ästen und Zweigen hängen Klangspiele, Metallmobiles und verschiedene Träumfänger. Eigentlich ein idealer Platz für uns, sage ich zu ihm: ein großes, ruhig gelegenes Haus mit Innenhof und Garten und in dem Baum vor dem Schlafzimmerfenster könnte ich meine Tempelglocken aus Nepal aufhängen – darauf warte ich doch schon so lange – auf einen Platz für meine Tempelglocken. Doch dann, nein, die Leute hier sind mir unangenehm. Zu klebrig, zu nah sitzen sie aufeinander, das ertrage ich nicht. Ich bereue schon meinen Entschluss, hier einzuziehen. Ich sage zu meinem Mann: „Ach, wären wir doch in unserer alten Wohnung in Wien geblieben! Da hatten wir alles selbst ersonnen und erdacht und fühlten uns wohl. Zwar hatten wir keinen Garten, aber eben einen Platz zum Wohlfühlen."

Traum von der Bibliothekarin

15. Februar 2013

Die Bibliothekarin der Wohnanlage, in der ich lebe, bringt mir ein Buch, das ich wohl bestellt habe. Das Buch behandelt Polen, 1941 und ist von Paul Klee geschrieben. Die Bibliothekarin ist eine hässliche, aufgedunsene, gewöhnlich gekleidete Frau. Ihre Haare sind dünn und brüchig und von jahrelangen Dauerwellprozeduren völlig ausgetrocknet und kleben jammervoll an ihrem Kopf. Sie fragt mich, ob ich in der Zwischenzeit eine Lösung gefunden habe für Tilmans Frösteln und Frieren zu allen Tageszeiten. Ich antworte ihr ganz trocken, dass sich das Problem anderweitig aufgelöst hat. Tilman sei nun im Himmel und da friere wohl niemand mehr. Zumindest ginge ich davon aus. Daraufhin schweigt sie betreten und reicht mir das Buch. Ich blättere begierig darin und plötzlich habe ich die Idee, wie ich am besten über meinen Sohn schreiben kann: indem ich alles, was ich über ihn weiß, und alle Fakten, die ich über ihn auftreiben kann, aufschreibe. Chronologisch, thematisch aufgliedere und in einzelnen Absätzen alles untereinander aufliste. Fast tabellarisch, sodass ich und die Leserinnen und Leser seinen Zustand Tag für Tag vergleichen können. Dies scheint mir die beste Möglichkeit zu sein, Tilmans Leben mit einem Blick zu erfassen, ohne dass irgendetwas dabei verloren geht. Nicht nur Splitter, Bruchstücke, Augenblicke oder Sequenzen. Einfach alles wäre dann da. Mich verlangt nach dieser Ganzheit seines Lebens, seines Daseins.

Woche 74 – Deine Großmutter

19. Februar 2013

Mein lieber Sternensohn,
Balancezirkel, Energiezirkel, Balanceboard, Stepper, Platte, Vibraball und Vibraflex, Musik und Bewegung im 40-Sekunden-Takt, Schweiß und schwerer Atem – aber es macht auch Spaß. Die wechselnden Koordinationsübungen sind nach einigen Monaten des Übens nun schon leichter im Gedächtnis zu behalten. Es gibt sie also doch, die kleinen Fortschritte.

Dein Vater und ich waren gestern im Thermenbad Oberlaa zur Entspannung. Wir schwammen im warmen

Solewasser und ließen uns in einem anderen Becken besprudeln. Irgendwann fiel mir ein, dass Du vor Jahren mit Binu auch hier warst, da wurde ich ganz melancholisch und schwer. Danach haben wir dann Deine Großmutter besucht, die Du so sehr geliebt hast. Bei ihr und Deinem Großvater hast Du fast jeden Sommer Deiner Kindheit verbracht. Mit den beiden hast Du gezeichnet, gemalt, gebastelt und viele Ausflüge zu Streichelzoos, Museen und in die Umgebung ihres Wohnortes in Süddeutschland unternommen. Deine Großmutter hat Dir die Schreibschrift in nur wenigen Wochen beigebracht, die auf der britischen Schule in Kathmandu nicht gelehrt wurde. Du hast Dich bei ihnen wohlgefühlt. Bereits im Alter von drei Jahren bist Du das erste Mal allein, nur in Begleitung eines Bekannten von uns und auf eigenen Wunsch mit dem Flugzeug von Kathmandu nach Frankfurt geflogen, wo Dich die Großeltern empfingen. Vier ganze Wochen warst Du bei ihnen und wenn ich Dich anrief, um mit Dir zu reden, hattest Du meistens nicht viel Zeit zum Reden, weil ihr gerade im Werkraum arbeitetet oder sonst etwas unternahmt. Es war sehr angenehm für mich, Dich bei ihnen so wohl versorgt zu wissen. Das vertraute Verhältnis hattest Du bis zu Deinem Tod Dir bewahrt.

Sie wollte uns die A B Cs zeigen, die sie in den letzten Jahren und Jahrzehnten gezeichnet hat. Dein Vater und ich sollten eine Auswahl treffen, die sie einem Schulbuchverlag vorzulegen plante. Aber kaum waren wir da und saßen vor den Arbeiten, wollte sie davon nichts mehr wissen. Es sei eh alles nicht so toll, meinte sie. Aber gezeigt hat sie uns dann doch einiges, bis sie dann vorschlug, wir sollten doch gemeinsam ins Restaurant nach Oberlaa gehen. Wir haben keine Auswahl getroffen. Vielleicht wollte sie uns einfach nur zeigen, was sie schon alles aufs Papier gebracht hat und dabei ein wenig bewundert werden. Es ist ja auch wirklich zu bewundern, keine Frage.

Beim Abschied hat sie uns noch ganz dringlich gebeten, ihr zu helfen, neue Aufgaben zu finden, die sie zeichnerisch bearbeiten kann. Ich glaube nicht, dass ich das kann, aber Dein Vater hat versprochen, sich darum zu kümmern. Ich denke darüber nach, wie unterschiedlich jeder Künstler, jede Künstlerin an die Arbeit herangeht. Ich gleite bei meiner Arbeit von einem Thema zum nächsten, sie ergeben sich, wie Perlen an einer Schnur. Aber vielleicht arbeitet da einfach jeder Künstler nach seinen eigenen Kriterien und Plänen. Und jedes und alles hat seine Berechtigung. Immerhin ist sie mit ihren 87 Jahren noch klar im Kopf und geht auch noch jeden Tag im Kurpark spazieren.

In Liebe,
Deine Mutter

Wer sagt, wenn es Zeit ist, der Toten zu gedenken?
Wer nährt unser Herz, bietet Einhalt dem Schritt?
Wer zündet die Totenlichter bei Tag und bei Nacht?
Wer ist es, der uns ein Lächeln zeigt,
wenn der Schmerz wütet in unseren Eingeweiden?

Woche 75 – Mein Hunger nach Leben

25. Februar 2013

Mein lieber Sternensohn,
schwer drückt mich die Erinnerung in die Kissen meines Bettes, während die Zeit vor meinen Fenstern von den Ästen der Bäume tropft. Ich habe Dir kein Leben geschenkt, nur weil ich Dich gebar. Stets sind wir Teil eines großen Ganzen, dem wir doch ohnmächtig gegenüberstehen. Stumm schauen wir zu, wenn das Schicksal sich bei jedem von uns vollendet, und können das Schlimmste nicht einmal verhindern, selbst wenn wir das wollten. Manchmal können wir etwas verzögern, vielleicht. Wirklich verändern können wir es nicht.

Mein Hunger nach Leben ist groß. Vielleicht esse ich deswegen so gerne und ausgiebig. Dein Vater und ich wollten ein paar Ferientage in Wien einlegen und sind doch nur zu Hause geblieben und haben Ruhe und Frieden, Zeit und die Abwesenheit von Verpflichtungen genossen. Wir ließen uns gleiten von Ideen und Einfällen, jeder für sich manchmal, und auch manchmal gemeinsam und wir waren und sind ganz zufrieden dabei. Du hast das ja auch immer genossen, das Sich-treiben-Lassen und Dem-inneren-Fluss-Folgen. Du verstehst, wenn wir das tun und genießen. Du verstehst uns.

Der Mantel Deiner Abwesenheit hängt schwer und dunkel über meinen Schultern. Ich fühle es körperlich, dass Du nicht hier bist, wenn Deine Formgestalt zur Türe hereintritt, Du den Kopf zu mir drehst und mich lächelnd betrachtest. Wie gerne würde ich dann zu Dir sprechen. Wie gerne in Deine Augen blicken. Doch die Schwere in meinem Innern bahnt sich einen Weg nach außen und das Salz meiner Tränen benetzt mir die Wangen.

Frieden wünsche ich Dir, mein Sternensohn.
Deine Mutter

Farben erleichtern mein Herz,
blau, grün, rot, gelb,
wenn die Sehnsucht nach Dir
mich quälend bestürmt.
Worte erleichtern mein Gemüt,
von Liebe, Hingabe, Erinnern und Schmerz,
wenn die Formgestalt Deines Wesens
durch die Türe ins Zimmer tritt.
Gefühle erleichtern die Seele,
wenn die Schwere im Innern
sich ihren Weg nach außen bahnt
und das Salz der Tränen die Wangen benetzt.

Woche 76 – Auf Kurs bleiben

3. März 2013

Mein lieber Sternensohn,
es liegen noch Schneereste auf Deinem Grab und der Weg zu der Grabreihe ist rutschig und nass. Unter den ersten Frühlingssonnenstrahlen erscheinen mir die Erikapflanzen nun nicht mehr angemessen, doch es ist noch zu kalt für Primeln und Gänseblümchen. Dein leerer Platz am Tisch ist in diesen Tagen schwer zu ertragen. Es fehlen Deine spitzbübischen Bemerkungen ebenso wie Dein schwarzer Humor.

Am Freitagabend war die Abschiedsveranstaltung im Völkerkundemuseum mit den Mönchen. Dort stand Nirma neben anderen Tibetern am langen Buffettisch und kochte Momos für die geladenen Gäste. Nirma, der Dich als kaum

Dreijähriger durch den Garten von Tahachal getragen hat. Nirma, der ruhige Tibeter mit den großen Träumen vom großen Business. Nie ist ihm eine seiner Geschäftsideen geglückt, nie hat er sich von den Niederlagen beeindrucken lassen. Er fragte nicht nach Dir, als ich und Dein Vater mit ihm sprachen. Er wusste von unseren Freunden Charles und Anne von Deinem Tod und wollte uns den Schmerz ersparen, darüber zu reden. Doch ich sah das Mitgefühl in seinen warmen Augen und auch die Trauer um Dich.

Auf Kurs bleiben und die Geduld nicht verlieren, das ist es, was zurzeit meine Aufgabe ist. Und obwohl ich diese Aufgabe kenne, seit ich lebe, ist sie mir nicht vertrauter geworden, geht sie mir nicht leichter von der Hand nach all den Jahren und Jahrzehnten des Übens. Nichts geht leicht im Moment oder gar wie von allein. Ich bin im Innern wie leergefegt und weiß doch auch, dass es nicht Leere ist, die mich erfüllt. Ein Strom der Trauer durchströmt mich seit Tagen und ich fühle mich einsam in meinem Schmerz. Ich wende die Tipps und Tricks an, die ich inzwischen gelernt habe, um mit Deinem Verlust zu leben, aber es ist mühsam und hart, sich für das Alltäglichste so abkämpfen zu müssen. Und außerdem weiß ich auch, dass ich trotz allem privilegiert bin, das überhaupt so sehen zu können, und dann finde ich das Leben zynisch und wenig weise.

Ich klage schon wieder wie ein altes Weib, das sollte ich nicht und Dich in Frieden in Deinem Dasein lassen.

In Liebe,
Deine Mutter

Woche 77 – Dunkle Schatten

12. März 2013

Mein lieber Sternensohn,
seit ein paar Tagen liege ich mit einer trocken-hartnäckigen Erkältung im Bett. Während mich die Wärme der Decken umhüllt, ist mein Geist mit Klagen und Sehnen beschäftigt. Dein Vater und ich sind in unserer Trauer um Dich einsamer denn je, nun, wo Dein Tod bei den Freunden und Bekannten so weit zurückliegt, dass sie glauben, sagen zu können, es wäre an der Zeit für mich und Deinen Vater, neu zu beginnen. Die Betroffenheit unserer Freunde haben wir mit unserem Kummer, unserem Bedürfnis, von Dir zu berichten, mit unseren (vor allem meinen) Tränen erschöpft. Noch immer denke ich so oft zu Dir hin, wie ich es immer getan habe, doch ich scheue mich davor, gegenüber Dritten dies auszusprechen. Ich komme mir einfältig vor, immer wieder von Neuem von Dir anzufangen und damit die Geduld und die Höflichkeit der Zuhörer auf die Probe zu stellen. Meine Trauer dauert an, wenn mir auch nicht zugestanden wird, über die Welt meines Verlustes, der meine einzige und zentrale derzeitige Realität ist, zu sprechen. Ich kann spüren, wie hinter vorgehaltener Hand über mein Lamentieren und Jammern missbilligend die Köpfe geschüttelt werden, wenn über ein Gespräch, das ich führte, wieder dunkle Schatten fielen und sich meine Augen mit leisen Tränen füllten. Ich schrecke andere ab mit diesen feuchten, traurigen Augen und den tiefen Falten im Gesicht. Wer rechtzeitig reagieren kann, macht einen Bogen um mich. In ihren Augen mache ich nicht schnell genug oder genügend Fortschritte, rapple mich nicht auf, lasse mich hängen und bin im günstigsten Fall depressiv und schlaff. Mehr als ein Jahr ist verstrichen, seitdem Du entschlafen bist, Zeit genug, um wieder im Leben anzukommen. So denken sie. Deshalb ist so eine Grippe ein fast

willkommener Anlass, mich zurückzuziehen. Ich kann mich in meinem Bett verstecken vor diesen wertenden Augen, die meiner Seelenpein überdrüssig geworden sind, und brauche keine Rechtfertigung für meinen Ausnahmezustand.

Du lebst in meiner Erinnerung, die Bilder von Dir, Sequenzen, Ereignisse, Begebenheiten funkeln klar vor meinem inneren Auge. Du warst so sehr ein Teil von meinem Leben, dass Du es jetzt immer noch bist. Es geschieht ganz automatisch, selbstverständlich, dass diese Bilder und Erinnerungen sich auf ein Stichwort hin einstellen. Das alltägliche Ritual des Kerzenentzündens vor Deinen Fotos ist da nur ein geringer Teil davon, ebenso wie die Besuche an Deinem Urnengrab. Es sind diese unzähligen Erinnerungen im meinem Geist, denen ich mich in der schützenden Dunkelheit meines warmen Bettes hingebe, und die leisen Gespräche mit Deinem Vater, wenn er mir die seinen zuflüstert, in denen Dein Wesen lebendig wird zwischen uns und wir in ewigem Nicht-Vergessen Dir nahe sind. Dein Vater und ich haben Dich überlebt. Wir haben unseren Sohn überlebt und sind zurückgeblieben in diesem Leben wie Überreste einer Überraschungsfeier. Wir leben auf dem Fundament unserer Zeit als Eltern. Da Du unser einziges Kind warst, gibt es keine Elternschaft mehr für uns. Wir kehren zurück zu dem Zustand, den wir lebten, bevor Du in unser Leben tratest. In diesem seligen Zustand der Verliebtheit haben wir immerhin zehn Jahr lang gelebt, also können wir auch auf diese Erfahrung, diesen Zustand zurückgreifen. Das gibt uns die Kraft und den Halt, Trauer und Trübsinn, Verzweiflung und Beklemmung zu ertragen und darauf zu hoffen, dass die Wunde sich schließt und heilt. Irgendwann.

In Liebe,
Deine Mutter

Woche 78 – Sie lacht ja schon wieder …

17. März 2013

Mein lieber Sternensohn,
die Zeit steht still. Vor meinem Fenster herrscht der graue Schleier einer Welt im Zwischenzustand zwischen Winter und Frühling und es scheint, die Entscheidung fällt schwer. Das Licht sagt mir nicht, in welcher Phase des Tages und des Jahres wir uns befinden. Die Bäume vor meinem Fenster stehen wie verwunschen da, als könnten sie sich nicht erinnern, welcher Sinn und Zweck das Recken ihrer Äste einst gewesen sei. Sie warten, so wie ich, auf einen Impuls aus der Natur. In dieser Wartezeit nehmen wir das Außen wahr, doch es bedeutet uns nichts. Wir kreisen um uns selbst, suchend, irrend.

Ich laufe an Deinem Foto vorbei, bleibe stehen und betrachte Dein Gesicht. Wie mich in manchen Momenten Glück erfüllt, so füllt sich mein Herz in einem einzigen Moment mit Trauer. Die Gewissheit, Dich nie mehr in diesem Leben in den Armen halten zu können, löst eine bodenlose Sehnsucht nach Dir aus. Meine Verzweiflung darüber entsteht in dem Wissen darum. Im Schutze meines Zimmers lasse ich den Schmerz zu. Hier spüre ich Dich immer noch, die Präsenz der Vergangenheit spendet mir Trost. Wie so oft überlappen sich Erinnerungen und Zukunftspläne in meiner Gegenwart.

Ich bin einsam geworden in meiner Trauer um Dich. Hinter meinem Rücken sagen die Freunde, nachdem ich mit ihnen gelacht habe, zu Deinem Vater: „Sie lacht ja schon wieder, dann hat sie ja ihre Trauer überwunden und ist überm Berg!“ Also behalte ich meine Traurigkeit in der Öffentlichkeit für mich und rede nur darüber, wenn direkt darauf angesprochen. Aber das tun ja eh die wenigsten. Dass trotz dem Lachen um meinen Mund mein Herz nach Dir trauert, scheint nicht vorstellbar. Ich glaube, dass im Herzen von Eltern, die ihr Kind in den Tod begleitet haben, nie mehr diese selige Unbeschwertheit und Leichtigkeit, diese himmelhohe Freude ihre Augen erstrahlen lässt, wie es zu Deinen Lebzeiten der Fall war. Ganz selbstverständlich und unausgesprochen gehen diese Eltern schweren Herzens durchs Leben, voller Bilder der Vergangenheit und mit dem immer wiederkehrenden Gedanken: Wie wäre es jetzt, wenn er oder sie noch lebte. Was würde er tun, wie reagieren, wie sähe er aus?

Die Kerze neben Deinem Foto brennt und ich denke voller Liebe an Dich,
Deine Mutter

Benares, Indien, eine Trauerreise

Mein Mann und ich gehen wieder gemeinsam auf Reisen, so wie wir das am Anfang unserer Liebesgeschichte, noch vor der Geburt unseres Sohnes vor mehr als vierzig Jahren getan hatten. Unser Weg führt uns auch zu Plätzen, an denen wir einst mit unserem Sohn waren. In Benares gedenken wir seiner auf eine Art, die uns entspricht und der wir hier am Ufer des Ganges zum ersten Mal begegnet sind.

Es ist dies nicht mein erster Besuch in dieser Stadt, der ältesten, „lebenden" Stadt der Welt, wie sie auf einigen Plakaten des hiesigen Tourismusbüros mit großen Lettern angeprangert wird. Seit Ende der 1970er-Jahre war ich in größeren Abständen immer wieder für ein paar Tage angereist, da die Altstadt von Benares einen ganz eigentümlichen Reiz auf mich ausübte. Vermutlich lag das an der religiösen Landschaft entlang der 6,4 Kilometer langen Strecke der insgesamt 84 Ghats, die das Ufer des Flusses Ganges vor Banares säumen. Die ihren symbolischen Ausdruck in den mannigfaltigen Tempeln und Heiligtümern findet und dem darin lebendigen Handeln und Dasein und jedem seiner Besucher eine Orientierung in diesem heiligen Ort zu geben vermochte. Mir war, als gäbe es ein besonderes Band, eine spezielle Verbindung zwischen mir und diesem Ort aus einer längst vergangenen Zeit, vielleicht aus einem vergangenen Leben, das bei jedem meiner Besuche jäh erinnert wurde und aus den Tiefen des Unterbewussten emporstieg. Immer wieder durchlief mich der kühle Schauer eines traumartigen Wieder-Erkennens, wenn ich mich durch die engen Gassen der Altstadt drängte und einen Blick durch ein offen stehendes Tor in den teils schattigen Innenhof eines großen Gebäudes werfen konnte, das in einer schier endlos erscheinenden Reihe mit seiner Außenmauer die Gasse begrenzte. War die schmale Gestalt des jungen Mädchens, das sich hinter einem Mauervorsprung verbarg, nicht einmal ich gewesen? Die großen Augen dick mit schwarzer Kohle zum Schutz gegen böse Geister umrandet, den dünnen Baumwollsari nachlässig um die Hüften gebunden. Damals wie heute bahnte ich mir meinen Weg an Fahrrädern, Motorrädern, Kühen, schlafenden Hunden und jeder Menge Unrat vorbei, während kleine Kinder an der Hand ihrer Väter und Großväter, die Haare geölt und straff nach hinten gekämmt, Richtung Schule geführt wurden und die ersten Einkäufe des Tages zu erledigen waren. Meine Füße folgten dann dem leichten Auf und Ab der mit Steinen gepflasterten Gasse, einer natürlich geformten Topografie, die angepasst an die Ufer der Ganga und dem daran angrenzenden Verlauf der Ghats in den letzten Jahrhunderten kaum Veränderungen erlebt hatte. Jedes Mal hatten mein Gefährte und ich ein Zimmer an einem der verschiedenen Ghats gemietet, diesen langen Treppenanlagen, die entweder aus einem alten Palast heraus oder von einem der Tore der Altstadt beginnend hinunter zum Fluss laufen und die einzelnen Ghats untereinander verbunden den heiligen Fluss säumen. Die einzelnen Ghats tragen die Namen ihrer stolzen Erbauer königlichen Geschlechts, wie das Scindia Ghat, Bhousala Ghat, oder von Heiligen wie Tulsi Ghat. Tulsidas war im 15. Jahrhundert jeden Tag an den Treppenstufen in Meditationshaltung sitzend zu sehen gewesen, während er die erste Hinduversion der Ramayana-Epen aus dem Sanskrit übersetzte. Er tat dies in einem alten Hindi, dessen Doha-Versmaß die zweizeiligen Verse in Halbzeilern zu je 16:11 Silben zu einem rhythmischen Text auskleidete, oder auch anderen poetischen Versmaßen. Diese Version des Textes wird heute noch von vielen Sanskrit-Studenten in Benares in abwechselnder Folge im Kollektiv gelesen. In einer moderaten Geschwindigkeit vorgetragen, kann sich solch ein Ritual über einige Wochen erstrecken. Im weiteren Verlauf der langen Reihe der Ghats gibt es zwei Verbrennungsghats, das Kleinere ist das Harischandra Ghat, das Größere und Bedeutungsvollere das Manikarnika Ghat. Manche Ghats sind Göttern geweiht: Durga Ghat, Brahma Ghat oder das Panchaganga Ghat.

Das Leben an den Ghats schien sich in den letzten 30 Jahren nicht verändert zu haben. Ganz im Gegensatz zu dem Teil von Benares, der sich in die offenen Felder des weiten Landes von Uttar Pradesh hinter der Altstadt beginnend immer weiter ausbreitet. Große 5-Sterne-Hotelanlagen, Schulen und Internate, Firmenniederlassungen und Industrieanlagen zwischen Hochhäusern und Wohnanlagen, als strecke das moderne Leben mit seinen zahlreichen Facetten und Errungenschaften gierige Finger wie krebsartige Geschwülste in die Ebene hinaus. Einst wurde die Stadt von den zwei Zuflüssen Assi im Süden und dem Varana im Nordwesten begrenzt, doch dies ist längst Vergangenheit. Im Jahr 2011 zählte die Stadt knapp 1,5 Millionen Einwohner, davon war ein Drittel Moslems. Sie waren diejenigen, die es verstanden, die berühmten und in ganz Indien geschätzten Seidensaris zu weben, die in den Basaren der Altstadt noch heute so vielzählig zu sehen sind.

An den Ghats war alles beim Alten geblieben. Jede Kaste hatte hier ihren zugewiesenen Platz. Seit Jahrhunderten wuschen die Milchmänner ihre großen metallenen Kannen am Tulsi Ghat, wurden die Verbrennungen am Harischandra und Manikarnika Ghat durchgeführt, waren die Wäscher am Lal Ghat, Assi Ghat, Shivala Ghat und vielen anderen, die Bootsmänner, Mallas genannt, am Assi Ghat, Gai Ghat, Nirendra Prasad Ghat und Dashashamed Ghat zu finden.

Diesmal wohnten wir am südlichsten Ghat, dem Assi Ghat, in einem palastartigen Gebäude, das einem entfernten Verwandten des ehemaligen Maharadschahs von Benares gehört. Er hat seinen weitschweifigen Familienwohnsitz am Ufer des Ganges in ein Hotel umfunktioniert und mit den

Annehmlichkeiten der Moderne ausgerüstet. Alle Räume sind mit wertvollen Möbeln und Leuchten, Gemälden und Statuen, Objekten, Reliquien, Schalen und Skulpturen dekoriert, die jeden Besucher glauben machen, er wohne in einem Museum. Trotzdem oder gerade deswegen ist dieser Ort eine Oase im Trubel des Alltags rund um Benares. Neben den ausschließlich vegetarischen Speisen, die ohne Zwiebel und Knoblauch zubereitet werden, wird hier noch die gute alte Sitte hochkastiger und wohlhabender Inder gepflegt, die Fußböden zweimal am Tag nass wischen zu lassen, um sie vom Staub der Straße und der Luft frei zu halten.

Von hier aus beginnen wir auch unseren heutigen Streifzug. Wir laufen die wenigen Schritte von Assi Ghat zum Input-Wassertank, wo Shivan seine Ruderboot-Anlegestelle hat. Wie alle Bootsmänner gehört auch er zur Kaste der Mallas, die seit Jahrhunderten durch ihre Geburt das Recht besitzen, mit ihren Booten die Ganga vor den Treppen von Banares zu befahren und damit Personen gegen Entgelt zu befördern. Niemandem sonst ist das erlaubt. Zwischen den Subkasten und deren Familien wird immer wieder aufs Neue ausgehandelt, wer an welchem Ghat welches Boot vertäut. Shivan ist ein stiller, freundlicher Mann, dessen zurückhaltende Art uns für ihn eingenommen hat. Seine Augen stehen klar und offen in seinem feinen Gesicht, die Haut dunkel gebrannt von der Sonne, die steil über dem Ganges ihre Kraft verbreitet. Er versteht ohne viel Worte, dass mein Gefährte und ich in sein Boot einsteigen werden ohne das Übliche: „How are you“ und „Where are you from“. Shivan hat sein Boot liebevoll angemalt und es wirkt freundlich mit der weißen Sitzfläche, den nach außen und innen korallenrot abgesetzten Streifen und einem avocadogrünen Fußraum. Seine Ruder sind zwei dicke frisch geschnittene Bambusstangen, an deren Ende er zwei dünne Holzplatten, zu Paddeln geformt, gebunden hat. Das Boot schaukelt, als wir einsteigen. Shivan hat es an den Rand der Ganga bugsiert und reicht mir nun die Hand, während er seinen Blick senkt, damit ich im hinteren Teil des Bootes Platz nehmen kann.

Es ist später Nachmittag, als wir in der Flussmitte nach Norden treiben, während die Sonne hinter den Häusern, die die Ghats säumen, versinkt. Vom Boot aus sehe ich, wie sich die Altstadt an den Fluss drängt. Jeder Meter Boden wird genutzt als Lebensraum, dazwischen stehen vereinzelt Bäume. Die Häuser sind in die Höhe gestaffelt, als wollten sie so vielen Bewohnern wie möglich den Blick auf den heiligen Fluss ermöglichen.

Im Boot auf der Ganga scheint die Zeit stehen zu bleiben und einmal mehr bewundere ich die träge Ruhe und das gemächliche Fließen dieses majestätischen Flusses. Vielleicht ist in ihrem Wasser noch die Stille des nördlichen Himalaya-Gebirges enthalten oder die Weihen der heiligen Stätte von Kedernath, in deren unmittelbarer Nähe die Quelle entspringt und deren Gletscherwasser sie unentwegt nährt. Ein heiliger Fluss, wie es viele in Indien gibt, und doch ist die Ganga für alle Hindus etwas Besonderes. Sie nennen sie liebevoll „Mutter Ganges".

Mein Blick gleitet über die gekräuselte Oberfläche des Wassers, aufgeworfen durch ein entgegenkommendes großes Motorboot, auf dem sich viele Pilger in orangefarbenen Roben drängen. Das den Ghats gegenüberliegende Ufer ist unverbaut. Lediglich temporäre Teestuben werden dort nach jeder Regenzeit aufgestellt, um Pilgern und Ausflüglern, die sich die Ghats von dieser Perspektive aus ansehen möchten, eine Erfrischung bieten zu können. Diese Uferseite wird in jeder Regenzeit bis weit ins Landesinnere hinein von riesigen Wassermassen überflutet, Sand und Schlamm werden angespült, bis in die Wälder hinein, die am Horizont zu sehen sind, während er auf der anderen Seite Stufe für Stufe die Ghats erklimmt. Vom Boot aus bildet die unverbaute Seite einen Streifen grünen Kontrasts zwischen dem bleiern aufgespannten Himmel, dem beigefarbenen Sand und dem Grünbraun des Flusses.

Shivan hat das Boot mit der Strömung in die Mitte des Flusses manövriert, wo wir uns nun treiben lassen, allein von den Paddeln auf Kurs gehalten. Wir treiben an dem Manikarnika Ghat vorbei, das in der lang gezogenen Biegung liegt, in der die Ganga allmählich ihre Richtung von Norden nach Osten hin verändert, bis sie nach langem Lauf bei Kalkutta ins Meer mündet. Dies ist das Hauptverbrennungsghat hier in Banares und neben dem Harischandra Ghat auch das Größere. Vom Boot aus sehe ich deutlich die drei brennenden Scheiterhaufen, die räumlich voneinander getrennt aufgeschichtet sind. Hier werden bis zu 350 Leichname am Tag verbrannt, sagt Shivan, der meinem Blick gefolgt ist. Für mich eine schier unmöglich erscheinende Zahlenangabe, aber ich sehe weitere Bahren mit roten Stoffbahnen abgedeckt und mit Blütenketten geschmückt, die auf ihre Verbrennung warten. Doch ist mir auch bewusst, dass es ein großes Glück für jeden Hindu ist, hier, an den Ghats von Banares verbrannt zu werden und danach die Asche in den heiligen Fluss der Ganga verstreut zu wissen. Es verspricht die unweigerliche Erlösung aus dem ewigen Rad des Lebens, die Befreiung des Körpers und des Geistes aus den Zwängen der Mühsal der Wiedergeburt.

Von den Ghats aus gleitet mein Blick zurück über die Oberfläche des Wassers und sucht ganz automatisch nach Spuren von Leben. Schon bei meinem ersten Besuch in Banares 1982 war, auf meiner allerersten Bootsfahrt auf der Ganga, dicht neben der Bootswand ein Stück von einem dunkelgrüngrauen nassen Fischleib aufgetaucht, der sich für einen kurzen Moment in der Sonne glitzernd in einer runden Bewegung aus dem Wasser gewölbt hatte. Damals durchfuhr mich ein Schreck, nichts ahnend wie ich war. Dann sagte der Bootsmann: „Dolphin jumping“, und seit damals weiß ich, dass in der Ganga Flussdelfine leben.

Einige Jahre später, zwischen 2002 und 2003 wohnten wir in einem kleinen Hotel am Brahma Ghat, dem River View Hotel, das sich senkrecht über dem Fluss erhebt. Unter dem großen Fenster des Aufenthaltsraumes konnten wir fast täglich drei bis vier der Flussdelfine beim Spielen beobachten. Mahesh, der Besitzer des Hotels, erklärte uns damals, dass die Delfine „schon immer" an dieser Stelle des Flusses wohnten. Dort hätten sie ihre Nist- und Brutplätze in den tief im Wasser verborgenen Hohlräumen der Treppenstufen. Hier würden sie auch in der größten Hitze des Tages ruhen. Aber heute ist kein Flussdelfin zu sehen. Als ich Shivan danach frage, sagt er mir, dass die Delfine nach Süden, nach Ram Nagar, gezogen wären. Die zunehmende Anzahl der lauten und stinkenden Motorboote hätte sie vertrieben. Ihre Abwesenheit wird mir schmerzlich bewusst. Erst am Tage zuvor hatten mein Gefährte und ich unserem alten Freund Mahesh einen Besuch abgestattet und ihm dieselbe Frage gestellt. Auch er hatte gesagt, dass die Flussdelfine nach Süden abgezogen seien. Allerdings hatte er als Grund den heftigen diesjährigen Monsun angeführt, der ihre Nistplätze mit Schlamm zugeschüttet hätte und sie daher gezwungen waren, nach anderen Nistmöglichkeiten zu suchen.

Meine Enttäuschung ist groß und Gedanken über Veränderungen, große Veränderungen, gehen mir durch den Kopf. Wie sich doch alles im Leben ständig verändert. Mein Blick gleitet zurück zum Marnikarnika Ghat, die Flammen der Holzscheiterhaufen sind nun nicht mehr zu erkennen, nur die drei dunklen Rauchsäulen, die sich in die Höhe gen Himmel kräuseln, mit denen die aufkommende Abendbrise leichtes Spiel hat. Mein Blick kreuzt den meines Gefährten und wir wissen beide, was der andere gerade denkt. Wir wissen beide, dass der Tod ein Teil des Lebens ist. Auch und besonders für uns. In den beiden vergangenen Jahren ist in mir zwar die Einsicht gewachsen, dass der Tod auch eine Erlösung sein kann, doch verhindert das nicht dieses Aufflammen des Schmerzes, wenn der Wunsch nach dem Unmöglichen verlangt und mir wieder einmal die Endgültigkeit dieser Tatsache bewusst wird. In diese Stille hinein fragt Shivan zu uns hin: „Do you have children?“ Haben Sie Kinder? Nach einem weiteren Moment der Stille sagt mein Gefährte mit trockener, brüchiger Stimme: „Not any more.“ Nein, nicht mehr.

Ich wende meinen Kopf zur Seite. Ich habe gelernt, mit diesen anrollenden Wellen der Traurigkeit zu leben, doch Shivan soll meine Tränen nicht sehen, die mir nun die Wangen hinunterlaufen. In diese drückende Stille hinein ruft Shivan jetzt: „Dolphin jumping!“ und zeigt mit ausgestrecktem Arm auf einen Punkt im Fluss hinter unserem Rücken. Bis wir uns umgedreht haben und mit den Augen seinem Arm folgend die Stelle im Fluss betrachten, sehen wir nur noch eine Stelle im Wasser, die unruhig und gekräuselt sich vom Rest des Flusses abhebt. Meine Tränen versiegen und ich lächle. Dieses Auftauchen des Delfins kommt mir wie ein Zeichen vor. Ein Zeichen von unserem Sternensohn, der nicht mehr auf Erden weilt, aber vermutlich aus anderen Sphären herab auf uns blickt und auf diese Art bei uns ist. Er hat diese Liebe zu Delfinen immer mit uns geteilt. Ich atme tief durch – es gibt keinen Grund traurig zu sein. Dann kurz darauf noch einmal: „Dolphin jumping!“ und der ausgestreckte Arm von Shivan zur gleichen Stelle. Wieder sind wir zu spät und sehen nur die aufgewühlte Wasseroberfläche. Doch diesmal lachen wir alle drei. Wir fühlen uns auf unmittelbare Weise einmal mehr in der Gewissheit getröstet, dass es unserem Sohn jetzt gut geht, wo auch immer er weilt. Alles ist gut, und genau das ist es auch, was er uns durch die Delfine sagen will.

Wir lassen Shivan noch ein Stück den Fluss hinunterrudern und dann ist der Moment gekommen. Mein Gefährte und ich greifen nach den mitgebrachten Blätterschiffchen, die aus einzelnen, getrockneten Blättern mit dünnen

Bambusstäbchen zusammengesteckt sind. Inmitten von dunkelvioletten Kleeblumen und Rosenblättern steckt ein von den Witwen eines der Ashrams handgesponnener und in Ghee getränkter Baumwolldocht. Mein Gefährte entzündet die beiden Dochte in ihren Schiffchen und wir setzen sie, eins nach dem anderen, in der gerade hereinbrechenden Dämmerung aufs Wasser.

Liebevolle Gedanken an den Sohn begleiten die Blätterschiffchen auf ihrem Weg den Ganges hinunter. Unter dem weiten Himmel, der sich über uns spannt, senden wir gute Wünsche und Frieden zu ihm hin. Schon bald schaukeln die beiden Lichter einträchtig nebeneinander her, als hielten sie sich an den Händen, als wären sie mit einer unsichtbaren Schnur miteinander verbunden. Still blicken wir ihnen nach, bis sie aus unserem Blickfeld entschwunden sind. Shivan wendet das Boot behutsam und bringt uns ohne ein weiteres Wort zum Anlegeplatz zurück. Dort verabschieden wir uns von ihm und gehen zurück zu den Ghats, zurück in unser Leben.

Traum vom Spaziergang

17. März 2013

Beim Erwachen möchte ich heute von dem neuen Tag nichts wissen. Ich schließe die Augen und verharre in der angenommenen Schlafposition. Dann grabe ich mich mit einer tänzerischen Bewegung noch tiefer in Wärme und Matratze. Tastend suche ich den Weg zurück zu den verbliebenen Traumbildern und träume weiter den begonnenen Traum.

Nicht immer sieht es dabei gut für mich aus. Oft bin ich allein gelassen oder gehöre nicht zu dem Kreis Menschen, den ich aus dem Abseits betrachte und doch aus einem unerfindlichen Grund nicht Teil davon werden kann. Da sind Türen verschlossen, die zuvor geöffnet waren, und Menschen wenden sich ab, als ob ich nicht existierte, als wäre ich tot.

Heute ist es ein Spaziergang, der mich über nasse Wiesen an einem Hang hinaufführt. Ich möchte diesen Berg auf seiner Flanke umgehen. Bevor ich meine Schritte setze, kann ich sehen, dass die Erde vom anhaltenden Regen der letzten Tage aufgeweicht ist und flüssig geworden sich ihren Weg ins Tal sucht. Der Weg ist nicht mehr erkennbar. Das könnte gefährlich sein, denke ich mir und überlege, was zu tun ist. Eine Gruppe von jungen Bergsteigern mit ihrem älteren und wohl auch erfahrenen Führer kommt ebenfalls an diese Stelle. Es sind junge Erwachsene und Heranwachsende, eine Männergruppe, alle in voller Ausrüstung mit Pickeln und Hacken, Haken und wetterfester Kleidung. Ich schaue zu, wie sie sich aneinanderseilen und so eine lange Kette von Menschen bilden, sie haben sich genau den Weg ausgesucht, den auch ich nehmen wollte. An den Seilen und Haken und den Reden des Bergführers erkenne ich leicht, dass ich die Situation richtig einschätzte. Ich bin darüber erleichtert. Doch ich wage nicht zu fragen, ob die Gruppe mich, einen Spaziergänger, vielleicht mitnehmen könnte. Ich zögere. Die Gruppe sieht nicht zu mir herüber, sie haben mich wohl nicht gesehen. Was soll ich tun? Fragen? Mich aufdrängen? Ich könnte aber auch ganz einfach umkehren, denselben Weg zurück zu meinem Ferienhaus nehmen, in dem ich mich für einen Urlaub eingemietet habe, zur Erholung, um Kraft zu schöpfen.

Warum sollte ich also dieses Wagnis eingehen, solch eine gefährliche Herausforderung suchen, nur um einen Plan auszuführen, den ich ohne genaue Kenntnis der Situation zuvor beschlossen hatte? Oder ist die Sachlage doch eine ganz andere, als ich annehme, sonst würden doch die jungen Bergsteiger nicht den Weg begehen? Ich könnte den Bergführer ansprechen und fragen, was es mit dieser flüssigen Erde auf sich hat! Was soll ich tun?

Woche 81 – Ich stecke fest

10. April 2013

Mein lieber Sternensohn,
ich setze meine Schritte in unberührten Schnee auf dem Weg zu Mrs. Sporty. Seit gestern ist wieder der Winter zu Gast. Sonnenlos, nicht zu vergessen. Diese Lichtlosigkeit ist wie eine Plage, die ihre Aufgabe darin sieht, die Stärksten unter uns Starken herauszufiltern. Ich bin nicht gern im Freien zurzeit. Der eisige Wind aus Alaska, der uns den späten Schnee bringt, macht mir Angst und meinen Lungen das Atmen schwer. Ich suche Geborgenheit, die mir nur unsere Herbststraßen-Oase bieten kann, und davon scheine ich nicht genug zu bekommen. Es kostet viel Kraft, mich am Laufen zu halten.

Unzufriedenheit nagt an den Rändern meines Selbstbewusstseins. Die innere Gelassenheit, ein seltener Gast auch in guten Zeiten, hat sich ins Nirgendwo verflüchtigt. Selbst die im Rückblick für eine verständnisvolle neue Freundin aufgeworfenen Streiflichter auf das Gewesene, die groben Umstände meiner Lebensgeschichte, bauen mich nicht auf. Ich stecke fest. Dass ich für die Schublade male und schreibe, wenn auch mit hohem Anspruch, hilft da nicht weiter. Im Gegenteil.

Eine Zukunft suche ich für mich und noch kann ich sie nicht sehen. Die Vergangenheit schwappt immer wieder in meine Gegenwart hinein und stülpt ihre Endgültigkeit über mich. Ich sehe nichts, außer dem Lächeln, das Du mir aus den unbewegten Fotos Deines letzten Lebensjahres hinterherwirfst, und ich höre nichts außer Deinem sanft gesprochenen: „Ach, Linda." Mein Herz ist gebrochen und will nicht heilen.

Ich sende Dir meine unerschöpfliche Liebe und wünsche Dir nur das Allerbeste,

in Liebe,
Deine Mutter

Woche 83 – Wiederbegegnung mit dem Krankenhaus

19. April 2013

Mein lieber Sternensohn,
vor ein paar Tagen haben Dein Vater und ich Deine Großmutter ins Krankenhaus gebracht. Sie wollte zuerst nicht, daher haben wir lange gezögert. Ich saß neben ihr im Krankenwagen und hielt ihre Hand, sie konnte die Situation nicht fassen. Vermutlich war sie schon zu geschwächt, das machte sie hilflos und unwillig. In der Notaufnahme verhielt sie sich wie ein kleines Kind, ließ sich umkleiden und die Untersuchungen über sich ergehen. Sie kam auf die Lungenstation, erhielt intravenöse Antibiotikatherapie,

den Nasenschlauch für den künstlichen Sauerstoff, die Kontrollbildschirme über dem Bett. Mir war das alles bekannt. Ihr nicht. Ich dachte die ganze Zeit über an Dich. Wie Du mit diesen Prozeduren und Systemen über Jahre hinweg vertraut geworden bist. Wie Du klaglos das alles ertragen hast. Wie wenig Du gehadert hast. Wie aufrecht Du diesen Deinen Weg gegangen bist.

Die Aufenthalte in Krankenhäusern gehörten für Dich, vor allem in den letzten 10 bis 15 Jahren Deines Lebens, einfach dazu und wurden zu einem fixen Bestandteil Deines Alltags. Wechselnde Kliniken, darin auch wechselnde Stationen, Ärzte und Pflegepersonal. Immer wieder musstest Du Dich auf diese neuen Situationen einstellen und die wenigsten Ärztinnen und Ärzte waren bereit, sich pädagogisch auf einen pubertierenden oder kritischen Jungen einzulassen. Wenn sie es doch taten, lief Dein Aufenthalt viel runder ab als sonst, wenn es zu Spannungen und Reibungen kam. Oft versuchten Dein Vater und ich im Gespräch manches Missverständnis zu klären, aber Du wolltest das meist nicht. Eine Vertrauenssituation war dann möglich, wenn ein Arzt oder eine Ärztin Dir sympathisch war.

Auf jeden Fall warst Du ein Patient, der auf seine Fragen Antworten wollte und Du hattest immer viele Fragen. Du wolltest alle Vorgänge und Therapien verstehen, last Dir jeden Beipackzettel der Dir verabreichten Medikamente durch und es gab Situationen, in denen Du die Verabreichung eines falschen Medikamentes bemerktest oder eine nicht beachtete Unverträglich mit einem Wirkstoff, die Du kurz vorher zu Protokoll gegeben hattest. Manchmal stöhnten die Ärzte innerlich, so kam es mir zumindest als Beobachterin vor, denn meist hatten sie es eilig, wollten zum nächsten Patient eilen und sie fühlten sich aufgehalten in ihrer Arbeit. Zumindest manche sahen das so.

Aber es gab auch Ärztinnen und Ärzte, die Dich und Deine Situation verstanden. Sie freuten sich an Deinem wachen Interesse und versorgten Dich mit Informationen oder versuchten sie herbeizuschaffen. Bei diesen Menschen gab es meist kein Problem, wenn sie dir einen Venenkatheter legten, aber sobald Du angespannt warst, kollabierten die zarten Venen an Deinen Händen leicht und dann musstest Du oft gestochen werden, bis es zum Erfolg führte.

Es gab einige Ärzte, die bald zu unserem Freundes- und Bekanntenkreis gehörten, und manche Pfleger, mit denen Du eine längere Beziehung aufbauen konntest, von denen Du lernen konntest und die auch von Dir lernen konnten, was es heißt, Mukoviszidose zu haben.

Nun ist Deine Großmutter über dem Berg, hat das Schlimmste überstanden und kommt langsam wieder zu Kräften. An vieles kann sie sich nicht mehr erinnern, das ist aber auch vielleicht besser so. Alles ist menschlich in der Not und es ist wichtig, anderen zu helfen.

In Liebe, Deine Mutter

Woche 85 – Ich will meine Mitte finden

3. Mai 2013

Mein lieber Sternensohn,
endlich ist es Mai. Endlich sind die Sterne mir gewogen, so zumindest lautet die Vorhersage der Astrologen. Doch was das bedeuten soll, was die Zukunft mir bringen wird, ist nicht klar. Was soll das sein, etwas Neues?

Der Blick eines jungen Mannes in einem Café trifft auf mich, als ich ihn anspreche, ob ihn meine Tasche neben seinem Knie stört. Er trägt Hut und Bart, ähnlich wie Du das zeitweise getan hast. Sein Blick sagt mir: Hey, ich spiele gerade am PC, siehst du das nicht? Trotzdem lächelt er freundlich. Dabei krampft sich mein Herz zusammen – wie mir diese Blicke von Dir fehlen! Wie der Fremde so in den blauen Sessel hineingegossen fläzt, selbstvergessen dem schnellen Spiel hinterherklickt, das können nur so junge Kerle in dieser lässigen Art. Er nennt mir noch den Namen des Spiels: Guild Wars II, so etwas entgeht mir ja jetzt, da Du nicht mehr auf Erden weilst.

Ich dagegen bin gar nicht lässig. Zum Schreibkurs habe ich mich viermal umgezogen. Nichts wollte mir gefallen, ich fühlte mich einfach nicht wohl in meiner Haut. Die Haare immer noch zu lang, der Bauch zu dick, trotz Mittagsschlaf war ich immer noch müde. Ich will in meine Kraft kommen und meine Mitte finden und dabei drehe ich mich im Kreis wie ein Kind mit ausgestreckten Armen, das sich um seine eigene Achse dreht, bis ihm schwindelig wird. Mir ist auch manchmal schwindelig, doch nicht vom Tanzen, sondern von der Atemlosigkeit des Alltags.

Ich sende Dir meine Liebe in die Unendlichkeit,
Deine Mutter

Bilder der Erinnerung

... Das Licht, das sein Lächeln in sich birgt und jedes Gegenüber erreicht: unwillentlich und unwissentlich.

... Die Freundlichkeit seines Wesens, das seinen Ausdruck in Zurückhaltung findet, gepaart mit der Fähigkeit, ein guter Zuhörer zu sein und genau beobachten zu können.

... Die Weisheit seiner alten Augen, die mit unglaublich viel Verständnis die Ungereimtheiten und Unzulänglichkeiten seiner Mitmenschen durchschauen. Niemals grenzüberschreitend intim, stets Achtung wahrend vor der Würde des Anderen, Unbekannten.

... Das Lächeln in seinen Augen, das nur verebbt, wenn er verärgert ist, was stets nur seine kurze Weile andauert.

... Aber auch sein Starrsinn, wenn er sich etwas vorgenommen hatte, etwas Bestimmtes zu erreichen.

... Die Hilfsbereitschaft und der Wunsch, anderen zu geben. Freimütig und von Herzen.

... Eine Verhaltenheit im Ausdruck, eine Introvertiertheit, die eine verbale Öffnung erst dann erlaubte, wenn er Wärme und Interesse an seiner Person spürte. Aufdrängen wollte und konnte er sich nicht.

... Am Ende seines Lebens zog er sich zurück. Er wollte andere nicht mit seinen Sorgen und Ängsten, den Auswirkungen und Symptomen seiner Krankheit und der fortschreitenden Verschlechterung seines körperlichen Zustandes belasten.

... „Es geht mir gut“, antwortete er auf die Fragen nach seinem Befinden, auch und besonders bei den Telefonaten, als er schon längst nicht mehr nach draußen gehen konnte. „Es geht mir gut“, so sagte er, denn es könnte ihm ja durchaus noch schlechter gehen. Nur einmal, als er aus dem Wachkoma nach der Lungentransplantation mit starken

Schmerzen erwachte, da sagte er: „Das ist schlimm, das ist wirklich schlimm."

Ein Zimmer, einst bewohnt,
liegt leer nun und verlassen
stehn auch die Türen weit geöffnet, stets
ists nur das Licht,
das sich im Raum bewegt.

Kein Laut, kein Lied,
auch kein gerufnes Wort
dringt an mein Ohr
und füllt mein Herz
mit liebendem Erkennen.

Anhang

Geleitwort von Matthias Mander

Linda Kreiss hat vom September 2011 bis Mai 2013 täglich an ihren 28-jährig nach langem Leiden verstorbenen Sohn Tilman Arun gedacht und geschrieben. Damit ist sie vor allem als tief trauernde Mutter ihrem Bedürfnis gefolgt, die geistige und seelische Verbindung zu ihrem toten Kind weiterzuführen. Diesen – von allen geprüften Menschen mit ihr geteilten – Wunsch hat sie sich selbst erfüllt!

Die Briefe inständigen Gedenkens, die betrachtenden Gedichte erschufen für die vom Schmerz ganz Geöffnete das eigene gemeinsame Fortleben. Denn die auferweckende Beschwörung des Allerliebsten ist der Hinterbliebenen gelungen: Sie wurde zur Bewahrerin, nochmaligen Lebensspenderin, ausgewiesenen Zeugin des Bleibenden, Ewigen. Das ist das Wichtigste!

Nun sind diese 234 Seiten Text darüber hinaus auch eine Mitteilung, Nachricht, Einladung an die Lesenden. Dieses Zeugnis der Linda Kreiss ist wie jeder Beweis des Genauen, Wahrhaften, wie jedes Nicht-Ausweichen vor Unausweichlichem für die Mitfühlenden eine Bestärkung, Läuterung, Erhöhung. Bezwungenes Leid ist bezwingend, erlösend. Das rechtfertigt die Drucklegung.

Der Wert der inneren Selbstteilung und äußeren Mitteilungen von Linda Kreiss für Dritte lässt sich so entwerfen: Sichtweise, Wortwahl, Beweiskraft.

1. Sichtweise: Außen – Wohnung in Wien Ottakring; einkaufen, Besorgungen erledigen; Allgemeines Krankenhaus; Friedhofbesuche; gemeinsame Wege mit dem Ehegatten,

Vater des Verstorbenen. Innen – Bedenken der angeborenen Krankheit und ihres Verlaufs; deren Wirkung auf das Kleinkind, die Schule, die Berufsausbildung; Medizinwissenschaftliches; Spitalsaufenthalte; Transplantationsumstände; Hoffnungen, gegenseitige Stärkungen; das ungemein liebenswürdige Wesen des so schwer geprüften jungen Mannes; dessen bleibende Präsenz in jedem weiteren Erdentag der Eltern; 37 Kilogramm wog Tilman zuletzt ... Erinnerung als Wiederholen Hunderter, teilweise winziger Szenen, Ereignisse, unauslöschlicher Wirklichkeiten: Daseinsvergewisserung als tägliche Trauerarbeit inmitten der Bewusstseinsfluten.

2. Wortwahl: Tilman Arun wurde 1983 in ein hoch kultiviertes, weltoffenes, weltläufiges, aufgeklärtes Elternhaus hineingeboren und zu gebildeter Menschlichkeit erzogen. Alle geschilderten Szenen erweisen ihn als feinfühligen, rücksichtsvollen, von seinem Krankheitsleid geläuterten, liebevollen Jüngling.

Linda Kreiss jammert nicht, sie vollzieht das ihr Auferlegte ab der Todesstunde ihres einzigen Kindes in redlichster sprachlicher Zuwendung und Hingabe. Satz für Satz löst sich unmittelbar von ihrer Seele, aus der Verlorenheit hingezogen, hingeführt zur zweifelsfreien Gegebenheit, zur gewordenen und bleibenden Gegenwart ihres so liebenswürdigen Sohnes. Jede Zeile ist wahr, mitvollziehbar, nachfühlbar, überzeugend.

Die Tagebuchschreiberin, Briefschreiberin, Dichterin erklärt sich ohne unmittelbare Übernahme religiös-konfessioneller Formulierungen, ohne deren Glaubensgleichnisse, ohne geläufige Gebetswörter – außer oft wiederholte Briefabschlüsse mit „Ruhe in Frieden!" Diese völlige Eigenständigkeit der Todesüberwindung macht das Sprachdenkmal von Linda Kreiss besonders wertvoll – sowohl für ihre eigene Authentizität wie aber auch als impliziter Beleg für ähnlich kanonisierte religiöse Aussagen.

3. Beweiskraft: Was beweisen, wovon überzeugen diese Bekundungen der trauernden Mutter? Was hier vorliegt, ist existenzielle Evidenz pur! Wie keine Wissenschaft, keine Konfession, keine Psychologie sie bieten kann: Ewigkeitserfahrung, Ewigkeitsgewissheit (dieser so oft verschüttete nucleus aller gattungsbestimmenden religio), substanzielle Unsterblichkeit, wie sie ehrlicher, direkter nicht bezeugt werden kann! Dorthin, wohin Linda Kreiss sich und uns führte, schlecken die Sandzungen der Flüchtigkeit, Wertlosigkeit niemals hoch, dort zerschellt die Nichtigkeit.

Sie hat für dieses Wissen den höchsten Preis bezahlt. Und sie teilt es unwillkürlich (!) mit uns. Sie führt uns in ihrer klaren Aufrichtigkeit wahrhaftig hindernisfrei zu dem von ihr Erfahrenen.

Frau Linda Kreiss ist ein qualifizierter Verlag zu wünschen, der seine Lesergemeinde an dieses singuläre Zeugnis aktueller condition humaine heranführen will. Kein Rezipient verlässt diese große edle Klage ohne bleibende Klärung und Stärkung. Denn in solcher Prüfung so zu bestehen schöpft aus den tiefsten, bestimmenden Quellen des zeitenübergreifenden, ja zeitenthobenen Menschlichen.

Geleitwort 2 von Christa Nebenführ

Abschied zu nehmen oder sich zu verabschieden bedeutet eine Trennung, gleichviel ob man sie vollzieht oder ob sie an einem vollzogen wird, mithilfe von Ritualen zu gestalten. Man winkt mit Taschentüchern, mit denen man Tränen trocknet, hat das Bild von Schiffen oder Zügen, den Klang von Gewehrsalven oder Glocken vor sich. Das Ritual des hier vorliegenden Abschieds liegt im wöchentlichen Brief der Autorin an ihren verstorbenen Sohn während des ganzen Trauerjahres. Dieser Abschied vermag zwar die Trennung nicht im Sinn einer Umkehrung aufzuheben, aber er hebt etwas auf, indem er es bewahrt. Natürlich wohnt jedem Abschied ein Verlust inne, aber Abschiede gehen nicht im Verlust auf. Sie tragen einem veränderten Bezugsrahmen Rechnung. Der Abschied ist ein bewusst gesetzter Akt und für jeden Menschen so individuell wie sein Fingerabdruck. Dennoch weist er Gemeinsamkeiten mit anderen Abschieden, mit den Abschiedserfahrungen anderer Menschen auf. Deshalb können wir uns darüber austauschen. Zuweilen geschieht das vermittelt über einen religiösen oder künstlerischen Inhalt, der gewissermaßen einem universellen Gedächtnis eingeschrieben ist, wie die Darstellung von Marias Trauer um ihren Sohn, die in der über fünfhundert Jahre alten Marmorstatue Pietà von Michelangelo Buonarroti einen ergreifenden Ausdruck findet. Trotz aller Erschütterung bietet die Gruppe ein Bild des Friedens, wie es sich unweigerlich beim Titel *Sternensohn – Briefe an meinen entschlafenen Sohn* einstellt.

Kunsthistoriker haben sich immer wieder dazu geäußert, dass weder Marias noch Jesu Gesicht von Schmerz verzerrt ist, Jesus scheint zu schlafen und Maria ist ihm ernst und liebevoll zugewandt. Daraus strahlt eine friedvolle Klarheit, die dem Duktus der vorliegenden Briefe entspricht. Der Romancier Matthias Mander hat nach der Vorab-Lektüre geurteilt: *„Linda Kreiss jammert nicht, sie vollzieht das ihr Auferlegte ab der Todesstunde ihres einzigen Kindes in redlichster sprachlicher Zuwendung und Hingabe."* Die friedliche Botschaft des Titels ist genauso wenig zufällig wie jene von Michelangelos Skulptur. Die *sprachliche Zuwendung* lässt sich als beharrlicher Versuch der Präzisierung diffuser Eindrücke und Empfindungen deuten, die mit der Universalität der Erfahrung einhergehen. Indem die Verfasserin in manchen Passagen die Hintergründe ihrer Wortwahl preisgibt, entfaltet sich ein kulturell konnotiertes Geschehen-es im individuellsten Ausdruck. Persönliche Schattierungen der Trauer werden beschrieben, ihr Prozess, ihre Differenz zum Leid. *„Trauer ist Risiko. Es fordert alle verfügbaren Kräfte. Die Trauer gibt die Richtung vor, nennt uns aber nicht das Ziel. Selbst die Etappen gibt sie nicht preis. Daher macht sie uns Angst. … Trauer sucht man sich nicht aus, die Trauer findet uns. Trauer ist das Vorrecht derer, die geliebt haben und weiter lieben. Es bedarf Mut, sich ihr auszusetzen. Durch deinen Tod, mein lieber Sohn, ist meine Liebe zu dir nicht erloschen. Liebe stirbt nicht. Liebe ist größer als der Tod.*“ (S. 133) Ihre zärtlich nüchterne Sprache, um ein Zitat Friedrich Hölderlins abzuwandeln, mit dem Linda Kreiss die Geburtsstadt Lauffen am Neckar teilt, steht in schöpferischer Spannung zum exakten Zeitmaß des Trauerjahres, das die Autorin protokolliert, indem sie die Briefe mit der genauen Angabe der Wochen und Tage seit dem Tod des Sohnes beginnen lässt. Diese Spannung des Zählens – übrigens auch bei Matthias Mander ein prägendes Stilmittel, welches das Geschehen mit den Worten Stefan Denkendorfs *ernüchtert und entmystifiziert* und damit *zum Protokoll macht* – ist ursprünglich ein konstitutives Merkmal des Erzählens, geht doch das Wort „Zahl“ begriffsgeschichtlich auf das griechische tala on zurück, das noch im englischen „tale“ enthalten ist. Matthias Mander kommentierte: <*Dieses Zeugnis der Linda Kreiss ist wie jeder Beweis des Genauen, Wahrhaften, wie jedes Nicht-Ausweichen vor Unausweichlichem für die Mitfühlenden eine Bestärkung, Läuterung, Erhöhung. Bezwungenes Leid ist bezwingend, erlösend.*> Dazu gehört auch die genaue Schilderung des Umstandes, der Situation, in der sie erkennt, dass sie bereit ist, sich wieder dem Leben zuzuwenden. Das alles teilt sie brieflich mit ihrem Sohn, teilt es ihm mit, beschreibt den

Ort, den Geruch, das Wetter, das so bedeutsam war, als er noch lebte, teilt den Tod ihrer Mutter mit, die neu gewonnene Nähe in den letzten Tagen, und ohne dass sie die Leser darauf stoßen müsste, erschließt sich die Einzigartigkeit jedes Abschieds als unausweichliche Gegebenheit.

Zwischen den 57 Briefen finden sich Gedichte, Traumprotokolle und – in verstreute Erinnerungen gebettet – erklärende Rückblenden, durch welche sich den Lesenden die Bedeutung des Wetters, des Aufenthaltsorts, körperlicher Herausforderungen, einzelner Diagnosen und alltäglicher Verrichtungen in diesem konkreten Lebenslauf erschließen und ihn an einem Erfahrungs- und Erlebenshorizont, der den eigenen übersteigt, zumindest in Ausschnitten teilhaben lassen. Diese Erinnerungen, die bis in die Zeit vor der Geburt des Sohnes zurückreichen, werfen Schlaglichter auf den Säugling, den Schüler, den jungen Mann und bringen ihn auf diese Weise in seinen Charakterzügen und seiner äußeren Erscheinung nahe. In den Briefen berichtet die Mutter dem Sohn aus ihrem Alltag, von Einkäufen in Geschäften, die er mochte, von gemeinsamen Freunden und Bekannten, von der Arbeit des Vaters. *Dein Vater und ich* heißt es oft und die Verfasserin lässt keinen Zweifel daran, dass die gelebte Beziehung der beiden Elternteile, die Verbundenheit in der gemeinsamen Trauer, das Wissen um die Größe des Verlusts für den anderen, den beinahe einzig möglichen Schutz vor Aufgabe, Verzweiflung und Resignation gewähren. In diesem Sinn erzählt die Autorin ihrem Sohn auch von den gemeinsamen Reisen nach seinem Tod ins italienische Grado, nach Portugal und vor allem in die nepalesische Hauptstadt Kathmandu, in der die Familie zehn Jahre lang gelebt hat.

Ein narrativer Faden schlingt sich mehrfach entlang der Hoffnungsmomente und Rückschläge von einer erfolgreichen Lungentransplantation am 12. 1. 2011, die als zweite Geburt erlebt wird und nach der die Briefschreiberin ihren Sohn trotz unvorstellbarer Schwierigkeiten und Schmerzen als glücklich wahrnimmt, bis zur Herzklappenoperation am 16. 9. desselben Jahres, die er nicht überlebt.

Obwohl jeder Lesende zu diesen Briefen seinen persönlichsten Bezug entwickeln wird und ja auch soll, möchte ich abschließend auf einen Gedanken verweisen, den der österreichische Psychiater und Begründer der Logotherapie Viktor E. Frankl in seinen Berichten über das Leben als Häftling im Konzentrationslager aufwirft. Während eines kilometerlangen, kräftezehrenden Marsches in Schnee und eisiger Kälte denkt er – und wie er zu wissen glaubt auch seine Mithäftlinge – mit größter Innigkeit an seine Frau und hält Zwiegespräch mit ihr:

<*Da fällt mir etwas auf: Ich weiß ja gar nicht, ob meine Frau noch lebt! Da weiß ich eines – jetzt habe ich es gelernt: So wenig meint Liebe die körperliche Existenz eines Menschen, so sehr meint sie zutiefst das geistige Wesen des geliebten Menschen, dass sein „Dasein", sein Hier-bei-mir-Sein, ja seine körperliche Existenz überhaupt, sein Am-Leben-Sein, irgendwie gar nicht mehr zur Diskussion steht.*>[1]

Ein Gedanke, dem man nach der Lektüre der *Briefe an meinen entschlafenen Sohn* von Linda Kreiss Gewissheit zusprechen kann.

---

1. Viktor E. Frankl: ... trotzdem Ja zum Leben sagen – Ein Psychologe erlebt das Konzentrationslager. München 1998. S. 63 ff